Weihnachten kann erst werden, wenn …

Weihnachten kann erst werden, wenn ...

Wie die Nacht wieder heilig wird

Herausgegeben von
Antonia Lelle, Christoph Naglmeier-Rembeck
und Franca Spies
im Namen der Redaktion von y-nachten.de

HERDER
FREIBURG · BASEL · WIEN

MIX
Papier aus verantwortungsvollen Quellen
FSC® C014496

www.herder.de
Umschlaggestaltung: Verlag Herder
Umschlagmotiv: © ELG21 / pixabay
Satz: Barbara Herrmann, Freiburg im Breisgau
Herstellung: GGP Media GmbH, Pößneck
Printed in Germany
ISBN Print 978-3-451-39540-6
ISBN E-Book (E-Pub) 978-3-451-83540-7

Inhalt

Noch ein Weihnachtsbuch?!
Ein paar Worte zur Einleitung

Antonia Lelle, Christoph Naglmeier-Rembeck und Franca Spies

Es wird Weihnachten! Mit dem Fest am Ende unseres Kalenderjahres verbinden Menschen die unterschiedlichsten Erwartungen und Gefühle. Längst ist die christliche Feier der Geburt Jesu, der Menschwerdung Gottes in einem einzigen Säugling, überlagert von individuellen und kollektiven Bräuchen, die ihren besonderen Charakter zusätzlich verstärken. Doch nicht nur die weihnachtstypische Mischung aus religiösen und nicht-religiösen Festelementen bedingt die unterschiedlichen Zugänge zu diesem Fest. Weil und insofern an Weihnachten auch die Institution „Kirche" im Zentrum des Interesses steht, ergibt sich eine ganz eigene Gemengelage, die all das, was der Institution anhaftet, nur schwer verdrängen lässt.

Gerade die katholische Kirche steht massiv in der öffentlichen Kritik. Der jahrzehntelange Reformstau ist unübersehbar und Gegenstand leidenschaftlicher Diskussionen. Es handelt sich dabei nicht um „bloße" Strukturdebatten, nicht allein um Fragen von Verwaltung oder Organisation; die Strukturen und das tägliche „Geschäft" der katholischen Kirche greifen tief in menschliche Leben ein. Dies zeigt sich mit Blick auf ganze Menschengruppen, die in ihrer geschlechtlichen und/oder sexuellen Identität abgelehnt werden, mit Blick auf die Diskriminierung von Frauen und auf alle Schattenseiten des Klerikalismus. Einen traurigen Höhepunkt stellen die sexualisierte Gewalt durch Kleriker und deren Vertuschung dar, deren systemische Ursachen seit der MHG-Studie nicht mehr zu bestreiten sind.[1] Die Frage nach dem guten Leben angesichts zwischenmenschlicher Gewalt kann von der Gottesfrage nicht getrennt werden; sie stellt womöglich gar deren sehnsuchtsvollen Ursprung dar.[2]

Doch was geschieht mit der Kritik an Weihnachten? Bisweilen kann man den Eindruck gewinnen, die Kirche werde so sehr von der Freude der Heiligen Nacht angestrahlt, dass die kritische öffentliche Wahrnehmung kurz auf „Pause“ drückt, um dem andächtigen Staunen über die Geburt dieses besonderen Kindes oder wenigstens einem inbrünstig gesungenen „Stille Nacht“ Raum zu geben. Verstummt die Kritik also in der Heiligen Nacht? Was wird dann aus den Erkenntnissen über die missbrauchsbegünstigenden Strukturen in der katholischen Kirche, die mit jedem diözesanen Missbrauchsgutachten wieder bestätigt werden? Was wird aus den Diskriminierungserfahrungen, die Frauen oder LGBTIQ+-Personen immer wieder machen müssen? Was wird aus all jenen Vektoren der Macht, die in der katholischen Kirche wirksam sind und die gnadenlos in das Leben von Menschen eingreifen?

Es wird Weihnachten

Die Kirchen stehen an Weihnachten recht gut dar, und zwar auch, weil Weihnachten längst nicht mehr nur ein Fest der Kirchen ist. Für die meisten Menschen, die mit dem Exportschlager „Original German Christmas“ aufgewachsen sind, überlagert sich eine Vielzahl an weihnachtlichen Elementen und Stimmungen, die dem Fest seine besondere Prägung geben: ein wenig Plätzchenduft hier, ein wenig Tannengrün dort, „Jauchzet, Frohlocket" im Ohr und klebrige Finger vom Punsch, der nur wenige Sekunden schmeckt, bevor er kalt wird und seinen Zuckergehalt nicht länger hinter wohltuender Hitze verbergen kann.

Bei allem immer wieder (gerne auch von kirchlicher Seite) angehobenen Lamento über die zunehmende Säkularisierung und Kommerzialisierung des Festes darf nicht übersehen werden, wie sehr die Kirchen vom allgemeinen wärmenden Wohlgefühl profitieren, das sich beim Gedanken an Advent und Weihnachten in vielen Bäuchen ausbreitet. Die wenigsten Gottesdienstbesucher*innen werden bei den weihnachtlichen Feierlichkeiten andächtig an die christologischen Dogmen der altkirchlichen Konzilien von Nicäa und Chalcedon denken oder über den Logos-Begriff des Evangelisten Johannes meditieren. Stattdessen genießen sie die musikalischen Weihnachts-Evergreens und die vertraute lukanische Erzählung über eine Volkszählung und einen Statthalter, die Reise eines jungen Paares nach Bethlehem, wo es in der Herberge keinen Platz mehr gibt, die wundersame Geburt im Stall, die ängstlichen Hirten und die singenden Heerscharen.

Mit den vielen Traditionen im Rücken, mit den christlichen und den säkularen, den musikalischen, kulinarischen und sozialen, gelingt es den Kirchen an Weihnachten gut, trotz des sonst verbreiteten Rückzugs religiöser Vollzüge aus der Öffentlichkeit in der Mitte der Gesellschaft präsent zu bleiben. Sie profitieren vom Trubel. Die katholische Kirche kann an Weihnachten vor ungewöhnlich gut besetzten Bänken ihr Evangelium verkündigen, das selten so lebensnah und eingängig erscheint wie in der Heiligen Nacht: „Ein Kind ist uns geboren, ein Sohn ist uns geschenkt …" (Jes 9,5).

Die harmonische Stimmung der Weihnachtstage stellt für die katholische Kirche eine ungewohnte Erfahrung dar. Es scheint einen Moment der Ruhe im Sturm der Kritik an kirchlichen Strukturen zu geben, die schon lange als ungerecht angeklagt werden. Doch der Friede kann trügerisch werden, wenn er Erfahrungen von Machtmissbrauch in der katholischen Kirche einfach verdrängt, anstatt sie zu thematisieren. Es muss möglich sein, Weihnachten zu feiern, ohne dabei faule Kompromisse einzugehen. Die Aufgabe, „der (pseudo-)theologischen Beförderung von Missbrauch und Gewalt entgegen[zu]wirken“[3], erhält keine Dispens, nur weil Weihnachten ist. Im Gegenteil: Die Feiergestalt und die Theologie des Weihnachtsfestes bieten selbst wichtige Anstöße dafür, schwierige Themen in den Fokus zu stellen und sie zu deuten. Die Weihnachtsbotschaft enthält Narrative der Nähe und der Verletzlichkeit, der Verbundenheit, der Überraschung, der Angst und der Furchtlosigkeit, des Erschreckenden und des Wundervollen. Die schier unglaubliche Zuwendung Gottes zur Welt, die sich völlig unverhofft im Stall von Bethlehem ereignet, *muss* gerade in unheilvollen Bezügen artikuliert werden können – zeigt sie doch, dass es keine Dimension des Menschseins mehr gibt, die noch von Gott getrennt werden könnte. Es stellt sich also die Frage: Wie kann angesichts des Machtmissbrauchs Weihnachten werden? Wie lässt sich Weihnachten feiern, ohne die Gewalterfahrungen in der Heiligen Nacht auszuklammern?

Dieses Buch möchte ein harmonisches Feiern der Heiligen Nacht nicht verbieten. Gleichwohl möchte es die Perspektive derjenigen Personen einnehmen, die nicht in den immer gleichen weihnachtlichen Wohlklang einstimmen können oder wollen, die Perspektive von Menschen, die mit unterschiedlichen Facetten kirchlichen Machtmissbrauchs konfrontiert sind oder waren, die angesichts dessen widersprechen, die Unbequemes und manchmal fast Unaussprechliches sagen. Diese Erzählungen, diese Perspektiven und die Weihnachtsdeutungen können als Septakkord in der weihnachtlichen Kadenz verstanden werden, als notwendige Dissonanz, die Spannungen hörbar macht, die nach Auflösung verlangt und durch die vielleicht sogar eine neue Art der Harmonik möglich wird – keine glattgebügelte, sondern eine spannungsvollere, ehrlichere und befreiendere, eine, bei der es vielleicht etwas mehr Weihnachten werden kann. Erzählen stellt in diesem Sinne eine Ermächtigungspraxis dar: „Erzählen hat eine Funktion, Erzählen bewirkt etwas. [...] Erzählen ist Widerstand gegen die unheilvollen Mächte des Missbrauchs, gegen die Taten und gegen das Vertuschen, gegen die eigene Ohnmacht."[4]

Bei aller Idylle, zwischen singenden Engeln und Familien am geschmückten Baum, zwischen Gaudete, Glanz und Gloria, darf der kritische Impuls von Weihnachten nicht verloren gehen. Nicht weniger als ein „großes Licht" verheißt der Prophet Jesaja dem Volk, das „im Finstern wandelt" (Jes 9,1). Dieser Text wird in jeder Christmette gelesen, sodass er den Anspruch der Geburt Jesu und des heutigen Weihnachtsfestes deutlich macht: Es soll eine ungeahnte Unterbrechung des Gewohnten sein, neue Hoffnung in schwierigen oder gar untragbaren Zuständen bringen – eben ein großes Licht in der Finsternis. Doch das kommt nicht von ungefähr und nicht von selbst.

Bezogen auf die katholische Kirche zeigen die Autor*innen dieses Buches eine Haltung des „Widerspruchs aus Loyalität".[5] Ihre Kritik verfolgt konstruktive und nicht destruktive Absichten. Sie sucht einen gangbaren Weg in die Zukunft; jedoch nicht um der Institution, sondern um des guten Lebens der Menschen, besonders der Ausgegrenzten und Verletzten, willen. Diese Perspektive darf sich auf Jesus von Nazaret berufen: Er ist es, der in den Gepflogenheiten seiner Zeit irritiert, der Unbequemes sagt, der diejenigen zu Wort kommen lässt, die viel zu selten gehört werden, nicht um das System zu stürzen, sondern um Gerechtigkeit darin herzustellen und für ein gutes Leben einzustehen. Das Reden und Wirken Jesu vertiefen, wovon bereits besonders die lukanische Weihnachtsbotschaft zeugt: Gott* wendet sich in radikaler Liebe der Welt zu, Gottes* Handeln an den Menschen ist Heilshandeln.

Wann, wenn nicht an Weihnachten, sind Christ*innen dazu veranlasst, eine Haltung der Gerechtigkeit und der Zuwendung einzuüben? Dieses Buch ist ein Versuch, das zu tun. Die versammelten Texte wollen Ernst machen mit dem viel zitierten Jesajawort „Tauet, ihr Himmel, von oben“ (Jes 45,8) und Weihnachten als ein Fest verstehen, an dem Gerechtigkeit sprießen soll. Gerecht wird es an Weihnachten erst, wenn Ungerechtigkeiten sichtbar gemacht und theologische Konsequenzen daraus gezogen werden – oder kurzum: wenn man sich am Schönen freut, ohne Dinge schönzureden.

Es gibt in der katholischen Kirche hoffnungsvolle Zeichen für einen Aufbruch, z. B. die Beratungen des Synodalen Wegs oder Initiativen der Erneuerung wie „#OutInChurch“; damit Veränderung eintritt, ist immer wieder der Mut gefragt, mit persönlichem Zeugnis und theologischem Nachdruck für einen gerechteren Weg in die Zukunft einzustehen.

Umso mehr gilt: Weihnachten kann erst werden, wenn …

Die Beiträge, die in diesem Buch versammelt sind, tragen die unterschiedlichsten Perspektiven und Themen zusammen. Im Zentrum steht jeweils die Frage nach Strukturen und/oder Erfahrungen des Machtmissbrauchs innerhalb der katholischen Kirche und deren Auswirkungen für das Verständnis und das Feiern von Weihnachten. Dabei wird in den Resonanzen mit den persönlichen Erfahrungen sichtbar, welches kritische und hoffnungsstiftende Potenzial die biblische Weihnachtsbotschaft von der Menschwerdung Gottes in sich trägt.

Für *Monika Amlinger* zeigt Weihnachten, dass Gott den Menschen ganz nahe kommen möchte und dass Christus in jedem einzelnen Menschen wohnt. Diese und andere weihnachtliche Motive ermöglichen ihr, gegen die patriarchalen Machtstrukturen der katholischen Kirche ihre eigene Berufung zur Priesterin zu begreifen und dafür einzustehen.

„Mein Gott* diskriminiert nicht. Meine Kirche schon." Das Evangelium stellt gerade an Weihnachten die unbedingte Freundschaft Gottes* zu den Menschen in den Mittelpunkt. *Luisa Bauer, Lisa Baumeister* und *Claudia Danzer* überlegen, wie die katholische Kirche dieses Evangelium in Anbetracht struktureller Diskriminierung glaubwürdig verkünden kann.

Angesichts der sich selbst verschenkenden Menschwerdung Gottes, die ihren Kulminationspunkt im Kreuzestod Jesu findet, fragt *Johanna Beck* anhand der Machtverhältnisse zur Zeit Jesu nach einem Verständnis von Weihnachten, in dessen Konsequenz die Kirche auf die „Macht der Verletzlichkeit" setzen kann.

Kira Beer nimmt die Suche nach der persönlichen Berufung zum Anlass, die weihnachtliche Menschwerdung

Gottes zu reflektieren und dabei eine Engführung auf das männliche Geschlecht zu überwinden.

Stephanie Butenkemper berichtet von ihren Erfahrungen mit einer geistlichen Gemeinschaft, vom spirituellen Missbrauch, den sie dort erlebt hat, und dem langen Advent, der darauf folgte – dem Ausharren und Warten auf Gerechtigkeit, bis hin zu ihrer persönlichen Weihnacht.

„Wie finde ich meinen Platz als Theologin innerhalb der patriarchalen und hierarchischen Männerstruktur der Kirche?“, fragt *Ute Garth* in ihrem Beitrag. Sie berichtet von diskriminierenden Situationen ihrer bisherigen Platzsuche und entdeckt im Chaos der Platzwahl im Stall von Bethlehem eine inspirierende Gegenerfahrung.

Veronika Gräwe lenkt mit ihrem Artikel den Blick auf Erfahrungen von Othering und Exklusion angesichts der an Weihnachten häufig beförderten hetero- und paarnormativen Familienvorstellungen und eröffnet eine Perspektive auf die Heilige Familie als einen liebevollen Ort jenseits der Norm, vielleicht sogar jenseits eines Familieseins.

Die Geburt Jesu in einem Stall verdeutlicht: Das Neue beginnt im Kleinen. In ihrem Beitrag wendet *Maria Herrmann* dieses ermutigende Bild auf pastorale Innovationen im Raum der katholischen Kirche an; der Beginn im Kleinen eröffnet die Möglichkeit, aktiv auf die Zukunft der Kirche „hin- und zuzuwarten“, erfordert aber gleichzeitig eine hohe Sensibilität für Machtwirkungen.

Wie ist Kirche in der Welt? Und wie könnte sie in der Welt sein, wenn sie das Kind in der Krippe zum Maßstab ihres Agierens nähme? Diesen Fragen geht *Max Holzer* nach und entnimmt der Weihnachtsbotschaft den Zuruf an die Kirche, keine Angst vor Freiheit zu haben.

Mara Klein macht darauf aufmerksam, was die Grenzen binärer Denksysteme – auch in der Weihnachtstheologie – für die Lebenswirklichkeit von trans* und inter* Menschen in der katholischen Kirche bedeuten, und weist einen Weg, wie die weihnachtliche Menschwerdung Christi diese Grenzen abbauen kann.

Viola Kohlberger wirft aus der Binnenperspektive einen kritischen Blick auf die bestehende Machtfülle und die Gefahrenquellen für Machtmissbrauch auf dem Synodalen Weg. Sie plädiert angesichts von Weihnachten für eine Sichtbarmachung und Hinterfragung von Macht- und Abhängigkeitsverhältnissen.

Welcher Zukunft blickt die wissenschaftliche Theologie entgegen? *Anna Kontriner* fordert von Theolog*innen den Mut, sich gegen die strukturellen Ungerechtigkeiten in der katholischen Kirche aufzulehnen und damit jenem Zeugnis der Furchtlosigkeit gerecht zu werden, das die Weihnachtserzählungen uns bieten.

Daniela Ordowski stellt den harmonisierenden und romantischen Weihnachtstraditionen die verschlossenen Türen der Herbergssuche von Maria und Josef gegenüber und plädiert für eine offene Kirchenkultur jenseits klerikalistischer Systeme.

Der befreienden Weihnachtsbotschaft steht ein unfreies Machtsystem der Institution Kirche gegenüber. *Gregor Podschun* benennt daher das Potential einer Rückkehr zu den befreienden Grundlinien des Evangeliums und sieht als Ausgangspunkt das radikale Einlassen der Kirche auf menschliche Lebenssituationen.

Julia Rath analysiert ableistische und exklusivierende Strukturen in der Kirche und tritt für das Prinzip „Nichts ohne uns über uns“ ein, welches wegen der Gottesebenbildlichkeit aller Menschen ein besonderes Anliegen kirchlicher Praxis sein sollte.

Die Zeit des Wartens auf die adäquate Missbrauchsaufarbeitung war lange genug. Deshalb setzt *Doris Reisinger* auf prophetische Stimmen des Advents, die gegen die Täternarrative dafür sorgen, dass Weihnachten nicht im Sinn der unheilvoll Mächtigen, sondern der Betroffenen werden kann.

Die Absichten der Allies in der innerkirchlichen queeren Emanzipationsbewegung seien zwar nobel, die Art ihres Engagements und der gesellschaftlichen Resonanz reproduzieren allerdings häufig die Kernstrukturen der diskriminierenden Ordnung, so *Ruben Schneider.* Er plädiert dafür, dass Betroffene zu Subjekten statt zu Objekten der Emanzipation werden, denn Weihnachten wird, wenn Kirche Selbstschutzreflexe überwindet und damit wie der Stall von Bethlehem zum Schutzraum wird.

Solange Sia und *Rodrigue Naortangar* weiten die Perspektive dieses Buches, indem sie gesellschaftliche Hintergründe der sexualisierten Gewalt gegen Kinder insbesondere im ivorischen Kontext beleuchten. Der neugeborene Jesus hat auf verschiedene Weise Schutz erfahren. Was also muss geschehen, was muss auch die katholische Kirche leisten, damit Kinder unbeschwert und voller Freude Weihnachten feiern können?

Ausgehend von einem Brauch, der die Weihnachtwerdung an bestimmtes Verhalten von Kindern als Bedingung koppelt, macht *Raphaela Soden* auf das Problem der Heteronormativität in kirchlichen Vollzügen aufmerksam und nimmt einen Weihnachtssong zum Anlass, diese zu überwinden.

Marita Wagner versteht ausgehend von der Botschaft der Heiligen Nacht die Weltkirche als eine Gemeinschaft der Liebe. Auf dieser Grundlage stellt sie angesichts rassistischer Strukturen, die auch an Weihnachten zum Tragen kommen, die Frage, wie es gelingen kann, Rassismus aufzuarbeiten und zur Versöhnung beizutragen.

Danke!

Dieses Buch geht auf eine kleine Artikelserie des theologischen Blogs y-nachten.de aus dem Jahr 2020 zurück. Als Redaktion versuchen wir, der „jungen, wilden" Theologie im deutschsprachigen Raum eine Plattform zu bieten, und haben mittlerweile Beiträge von über 160 Autor*innen zu allerlei Themen rund um Theologie, Kirche und Religion versammelt. Wir verstehen uns als kritisch und divers, wir suchen mit unkonventionellen Fragen und einer verständlichen Sprache einen Weg für die Theologie der Zukunft. Auch dieses Buch folgt diesem Anliegen; und so hoffen wir, damit einen Beitrag zu wichtigen Debatten leisten zu können und den Leser*innen neue Zugänge zum Fest zu ermöglichen.

Um dieses Projekt zu realisieren, haben viele Menschen mit Herzblut und Interesse an der Sache zusammengearbeitet. Wir bedanken uns bei den beteiligten Mitarbeiter*innen des Herder-Verlags – insbesondere bei Clemens Carl, der diese Kooperation initiiert und mit großem Engagement begleitet hat. Das Projekt y-nachten.de ruht mittlerweile auf vielen Schultern. Alle Redaktionsmitglieder haben uns mit ihren Ideen, Rückmeldungen und natürlich den Korrekturarbeiten ermöglicht, dieses Buch zu realisieren. Dafür bedanken wir uns bei Jonatan Burger, Claudia Danzer, Katharina Mairinger, Florian Mayrhofer, Hannah Ringel, Daria Ronellenfitsch, Annika Schmitz und auch bei unseren „Ehemaligen", Florian Elsishans, Martin Höhl und Vanessa Lindl. Wertvolle Beratung und Anregungen haben wir immer wieder von Prof.in Dr.in Ute Leimgruber erhalten; auch ihr gilt unser ganz herzlicher Dank. Zuletzt und mit besonderem Nachdruck danken wir den beteiligten Autor*innen – für die zuverlässige und inspirierende Zusammenarbeit, vor allem aber für ihren Mut und ihre anregenden Gedanken.

Im Juni 2022
Antonia Lelle, Christoph Naglmeier-Rembeck und Franca Spies

Anmerkungen

[1] Vgl. die Ergebnisse der MHG-Studie: https://www.dbk.de/fileadmin/redaktion/diverse_downloads/dossiers_2018/MHG-Studie-gesamt.pdf (Zugriff: 30.06.2022).
[2] Vgl. *J. B. Metz*, Theologie als Theodizee?, in: W. Oelmüller (Hrsg.), Gott vor Gericht, München 1990, 103–118, v. a. 104.
[3] *D. Reisinger*, Wenn theologisch begründete Macht gefährlich wird. Interdisziplinäre Denkschneisen, in: D. Reisinger (Hrsg.), Gefährliche Theologien. Wenn theologische Ansätze Machtmissbrauch legitimieren, Regensburg 2021, 8.
[4] *B. Haslbeck, Barbara/R. Heyder/U. Leimgruber*, Erzählen ist Widerstand. Zur Einführung, in: B. Haslbeck/R. Heyder/U. Leimgruber/D. Sandherr-Klemp (Hrsg.), Erzählen als Widerstand, Münster 2020, 13.
[5] Vgl. *K. Mertes*, Widerspruch aus Loyalität, in: Stimmen der Zeit 233 (11/2015), 736–744.

Berufen zu Unmöglichem?

Monika Amlinger

Verstummt mit der eigenen Berufung

Für dieses Buch wurde ich angefragt, mein persönliches Thema – die Berufung, Priesterin zu sein – unter dem Blickwinkel des Machtmissbrauchs darzustellen. Dafür bin ich dankbar, aber ich bin auch leicht irritiert. Das ist neu für mich. Unter Machtmissbrauch stellt man sich gemeinhin ein aktives Verhalten einer einflussreichen Person vor. Man denkt an einen Schaden, der durch aktives Tun entsteht. Trifft das denn in meinem Fall überhaupt zu?

Ich fühle mich seit meiner Zeit im Kloster (als Benediktinerin) zur Priesterin berufen. Auf einem mehrtägigen Pilgerweg zusammen mit Gästen – ich war seit zwei Jahren in der klösterlichen Gemeinschaft – wurde mir im Gespräch auf einmal klar: Ja, ich fühle mich berufen zur Priesterin! Die Gesprächspartnerin hatte mir beim gemeinsamen Wandern von ihrer eigenen Berufung erzählt. Was ich schon seit längerer Zeit in mir trug und was ich nie wahrhaben wollte und konnte, kam plötzlich an die Oberfläche.[1]

Die Gefühle dazu: Freude, Staunen, aber auch eine Unsicherheit und Angst. Etwas Wunderbares war am Geschehen, kam von Gott her auf mich zu. Und gleichzeitig war ich verwirrt und unsicher, da ich nicht wusste, wie sich das jemals realisieren sollte. Insbesondere spürte und spüre ich einen starken Zug und eine Sehnsucht, Eucharistie zu feiern.

Und wo fing nun der Machtmissbrauch an? Der Machtmissbrauch war das, was bewirkt hat, dass ich einige Zeit später mit meiner Berufung verstummte. Ich sprach über mehrere Wochen hinweg mit einzelnen Personen darüber, und dann auf einmal für viele Jahre mit niemandem mehr. Ja, ich vergaß in gewissem Sinne sogar die Berufung, den Ruf und auch die Freude und das Staunen daran.

Was brachte mich zum Verstummen? Es war das Verstummen bzw. die Stummheit der Personen – Seelsorger*innen –, mit denen ich Kontakt aufnahm. Ich kann versuchen, eine Erklärung dafür zu finden. Ihr Verstummen resultierte im Wesentlichen aus der Stummheit der Amtskirche, der Amtsträger. Deren Stummheit wiederum resultierte wahrscheinlich sehr stark aus der kirchlichen Tradition, aber auch aus der Maßgabe Johannes Pauls II., die Kirche habe keine Vollmacht zur Frauenpriesterweihe, und das sei unwiderruflich.[2]

Eine lange, jahrtausendelange Tradition des Ignorierens und der Geringschätzung der Frauen und ihrer Charismen, lehramtliche Aussagen zur Unmöglichkeit der Frauenpriesterweihe, sich daran anpassende Bischöfe, Kleriker, Ordensmänner und Ordensfrauen, Laien und Laiinnen: All dies hat dazu geführt, dass meine Berufung in einem schwarzen Loch verschwand.

War das nun aktiver Machtmissbrauch? War es bewusster Machtmissbrauch? Es war sicher keine bewusste Schädigung meiner Person. Wahrscheinlich waren viel Unsicherheit und Hilflosigkeit im Spiel. Dennoch war es in gewissem Sinne Machtmissbrauch. Auch ein Schweigen, ein Nichtstun, ein Nicht-Ansprechen sind eine Entscheidung. Die Nichtzulassung von Frauen und deren lehramtliche Erklärung sind eine Entscheidung.

Erst im Nachhinein ist mir klar geworden, welche Wut – und Traurigkeit – sich eigentlich in mir entwickelten in Bezug darauf, dass meine Berufung nicht ernst und wichtig genommen wurde. Wie kann man Gottes Ruf so ignorieren? Wie kann man mich damit so allein lassen? Ich konnte mich ja nicht im Priesterseminar melden. Zum Bischof zu gehen traute ich mich damals nicht. Ich hätte zu viel Angst gehabt, abgeschmettert zu werden. Das wäre vom Kloster auch sicher nicht zugelassen worden.

Auch auf Gott hatte ich einen Ärger – und manchmal kommt dieser heute noch: Warum schenkst du mir eine Berufung, die mir dann so viel Schmerz und Unsicherheit bereitet?

Hatte ich Zweifel in Bezug auf meine Berufung, darüber, ob ich mich selbst täusche? Ich glaube, die Zweifel lagen vor allem in der Zeit vor der besagten Begegnung mit der Frau auf dem Pilgerweg. Die Zweifel führten dazu, dass ich lange brauchte, um mir das Gespür für meine Berufung – den Anruf Gottes – einzugestehen. Dann stellte sich aber eine erstaunliche Klarheit ein. Vermutlich kommt die Klarheit auch aus dem langsamen und langen Reifen und Ringen „unter der Oberfläche“. Und ich wusste ganz sicher, dass es nicht meine Idee war, dass ich mir das Ganze nicht ausgedacht und herbeiphantasiert hatte. Ich war eigentlich mit anderen Themen unterwegs – dem weiteren Hineinwachsen ins Kloster – und nicht mit „frauenemanzipatorischen“ Themen.

Wir gehen auf Weihnachten zu. Kommen von Weihnachten her und gehen wieder darauf zu. Wenn ich meine Erfahrungen mit Weihnachten verbinde, dann spüre ich einen Trost im Herzen. Gott kommt nicht mächtig und auch nicht missbrauchend oder ignorierend in diese Welt hinein. Er kommt klein, einfach und mitfühlend.

Und er lässt die schwangere Maria zur starken Prophetin[3] werden, wenn sie ausruft und betet: „Er [Gott] vollbringt mit seinem Arm machtvolle Taten: Er zerstreut, die im Herzen voll Hochmut sind. Er stürzt die Mächtigen vom Thron und erhöht die Niedrigen. Die Hungernden beschenkt er mit seinen Gaben und lässt die Reichen leer ausgehen“ (Lk 1,51–53).[4] Was für eine klare und mutige prophetische Rede. Gott wird als machtvoll beschrieben, aber er erweist seine Macht gerade darin, dass er Ungerechtigkeiten aufdecken und auflösen, ja geradezu umkehren möchte. Diese Umkehrung der Verhältnisse hat fast etwas Erschütterndes und Verstörendes.

Die Art und Weise, wie Gott dann in die Welt kam, und das, was er in Jesus getan hat, scheint uns manchmal damit nicht so recht zusammenzupassen. Wie hat denn Jesus die Verhältnisse umgekehrt? Nicht so, wie sich es manche erhofft hatten. Die Römer blieben mächtig. Die religiösen Eliten blieben mächtig. Die patriarchalen Machtstrukturen – damit verbunden die strukturelle Unterordnung der Frau – blieben letztlich bestehen.

Jesus vergleicht die Herrschaft (das Reich) Gottes unter anderem mit dem kleinen Samenkorn – einem Senfkorn –, das nach und nach erst groß und stark wird (Mk 4,30–32; Mt 13,31f.; Lk 13,18f.). Oder er spricht vom Unkraut unter dem Weizen, das noch nicht ausgerissen werden soll (Mt 13,24–30). Gott kommt mächtig, aber anders-mächtig. Auf eine Weise, die uns gleichzeitig staunend und wütend machen kann. Die Fragen sind ein Leben lang nicht zu Ende: Warum, Gott, greifst du nicht mehr und stärker in diese Welt ein? Warum lässt du so viel Ungerechtigkeit und Elend zu? Warum reißt du das wuchernde Unkraut – im Bild gesprochen – nicht aus? Und gleichzeitig die Ahnung: Gott ist *da*! Er geht mit, er ist nah. Geheimnisvoll, aber ganz wirklich. *Gott wirbt um uns, aber er zwingt nicht.*

Zu diesem Glauben hilft mir Weihnachten, Gott in der Krippe. Im lateinischen Hymnus „A solis ortus cardine“ (Übers.: Vom Beginn des Sonnenaufgangs) hat mich immer ganz besonders eine Strophe berührt: „Auf Heu zu liegen ertrug er [Christus], die Krippe verschmähte er nicht. Und mit wenig Milch wurde genährt, durch den nicht einmal ein Vogel hungert.“[5] Hier wird deutlich, was Weihnachten bedeutet: Der Schöpfer und Erhalter des Lebens, das ewige Wort Gottes, macht sich klein und abhängig. Er, durch den jedes Lebewesen seine Nahrung erhält, lebt nun als kleiner Mensch von ein wenig Milch.

Weihnachten macht mir Mut. Es macht mir Mut, dass Gott bei mir ist und meine Wege mitgeht. Und es macht mir Mut, dass Gott die Herzen und dann auch Welt und Kirche verändern möchte.

Christus wohnt in mir

Nun frage ich: Was hat Weihnachten im Besonderen mit meiner Berufung zur Priesterin zu tun? Viele begründen ja die Absage an das Frauenpriestertum geradezu mit Weihnachten: „Da sehen wir es doch, Gott ist Mann geworden, und das ist wichtig und bedeutsam! Daran sehen wir, dass Gott eigentlich mehr männlich als weiblich ist. Der Mann ist der Aktive – wie Gott der Schöpfer –, und die Frau entspricht dem Passiven und Empfangenden – wie die Schöpfung. So verhalten sich dann auch Christus und Kirche!"[6]

Ich merke, dass es mir schwerfällt, diese Sätze zu schreiben. Ich finde dieses Denken unerträglich. Es muss nun endlich Schluss sein mit diesem komplementären Denken, was Männer und Frauen betrifft. Sicherlich können sich Männer und Frauen in vielem gegenseitig ergänzen und bereichern und sind nicht das Gleiche. Aber, und das ist zentral, sie sind nicht einfach wesenhaft komplementär zueinander. Sie sind nicht wie Yin und Yang, Schlüssel und Schloss, Licht und Dunkel oder was es sonst an Komplementaritäten gibt. Frauen und Männer und alle weiteren Menschen, die sich nicht binär zuordnen können, sind einfach: Menschen. Theologisch gesprochen: Ebenbilder Gottes. Als Ebenbilder Gottes sind sie primär gleich. Was für eine hohe Würde: Bild Gottes zu sein!

In der christlichen Theologiegeschichte wurde die Gottebenbildlichkeit des Menschen mit seiner Geistigkeit (Vernunft, Freiheit) und mit seiner Beziehungsfähigkeit in Bezug auf andere Menschen (und Gott) in Verbindung gebracht. Teilweise wurde beim dreieinen Gott mehr die Einheit betont: Der eine Geist des Menschen, der in sich dreifach strukturiert ist (Gedächtnis, Einsicht, Wille), sei das Bild Gottes.[7] In anderen Fällen wurden eher die personalen Beziehungen von Vater, Sohn und Geistkraft hervorgehoben, welche die personalen Beziehungen des Menschen schöpferisch begründen.[8] In beiden Denkformen gibt es keinen Anlass, prinzipiell zwischen Mann und Frau zu unterscheiden. Über lange Jahrhunderte behauptete die westliche Theologie aber tatsächlich, die geistigen und personalen Fähigkeiten der Frau seien eingeschränkt, und daher sei sie auch dem Mann untergeordnet.[9] Ist die Frau im vollen Sinne Bild Gottes, wie es die Bibel bezeugt, dann ist sie dem Mann voll gleichgestellt! Hier ist die Bibel sich selbst voraus, denn wir finden darin fast durchgehend Zeugnisse einer stark männerdominierten Kultur.

Gott ist Mensch geworden, wie wir im Glaubensbekenntnis von Nizäa-Konstantinopel bekennen: „homo factus est". Das ewige Bild Gottes (der Logos, der Sohn) hat sich mit dem sterblichen, geschaffenen Bild Gottes verbunden und es so für immer geheiligt und erhoben. So hat Jesus Christus Mann und Frau gleichermaßen erlöst und geheiligt. Auf der Ebene der Gottebenbildlichkeit gibt es keine Abstufung.

Was im ersten Moment – während des irdischen Lebens Jesu – vielleicht noch verborgener war, wird spätestens durch Pfingsten ganz deutlich: Frauen wie Männer empfangen den Geist und bezeugen Gottes große Taten in allen Sprachen (Apg 2,1–13). Durch den Heiligen Geist wohnt Christus in den Getauften und Geheiligten, so dass sie wie Paulus sagen können: Christus lebt in mir (Gal 2,20). Er lebt in mir und wirkt in mir. In Christus gibt es keinen abstufenden Unterschied mehr zwischen Jüd*innen und Heid*innen oder zwischen Männern und Frauen (Gal 3,28). Die Einheit und die Gleichheit in der Gottebenbildlichkeit werden hier durch den auferstandenen Jesus im Heiligen Geist offenbar.

Daher, liebe Männer – Kleriker – der Kirche: Wie lange noch wollt ihr zögern? Wie lange noch sprecht ihr uns Frauen ab, Christus vergegenwärtigen zu können, auch amtlich? Wie lange geht ihr über die Berufungen der Frauen hinweg und ignoriert sie – und damit den Geist Gottes?

Zum Glück gibt es neuerdings, gerade auch in Deutschland, viele männliche Stimmen, die sich solidarisieren.[10] Und liebe Frauen der Kirche, auch Ordensfrauen: Bitte schweigt nicht, wenn eine Mitschwester sich berufen fühlt! Bitte nehmt sie ernst und geht mit ihr zusammen den Weg.

Anmerkungen

1 Meine Geschichte habe ich auch erzählt in: *Ph. Rath* (Hrsg.), „Weil Gott es so will". Frauen erzählen von ihrer Berufung zur Diakonin und Priesterin, Freiburg i. Br. 2021, 22–24.

2 *Johannes Paul II.*, Apostolisches Schreiben „Ordinatio Sacerdotalis" an die Bischöfe der Katholischen Kirche über die nur Männern vorbehaltene Priesterweihe, in: https://www.vatican.va/content/john-paul-ii/de/apost_letters/1994/documents/hf_jp-ii_apl_19940522_ordinatio-sacerdotalis.html (Zugriff: 04.05.2022).

3 Vgl. *A. Grillmeier*, Maria Prophetin. Eine Studie zur Messianischen-Patristischen Mariologie, in: *ders.*, Mit ihm und in ihm. Christologische Forschungen und Perspektiven, Freiburg i. Br. 1975, 198–216.

4 Alle Bibelstellen in diesem Artikel werden angegeben nach der Einheitsübersetzung von 2016.

5 S. https://gregorien.info/chant/id/25/0/de (Zugriff: 30.04.2022). Das Gedicht, auf das der Hymnus zurückgeht, stammt von Caelius Sedulius (5. Jh. n. Chr.).

6 Die Verfasserin hat diese Aussagen in ganz ähnlicher Weise bereits von Klerikern gesagt bekommen und gelesen.

7 Vgl. z. B. *J. Brachtendorf*, Die Struktur des menschlichen Geistes nach Augustinus. Selbstreflexion und Erkenntnis Gottes in „De trinitate" (= Paradeigmata, Band 19), Hamburg 2000.

8 Vgl. z. B. *G. Greshake*, Der dreieine Gott. Eine trinitarische Theologie, Freiburg i. Br. 2007.

9 Für Thomas von Aquin zum Beispiel sind die Frauen nur in abgeschwächter Weise Bild Gottes. Daher seien sie den Männern untergeordnet. Er konnte schreiben: „Vir est principium mulieris et finis, sicut Deus est principium et finis totius creaturae." (STh I q. 93 a. 4 ad 1). Übers.: „Der Mann ist Anfang (Prinzip) der Frau

und ihr Ziel, so wie Gott Anfang (Prinzip) und Ziel der gesamten Schöpfung ist".

[10] Sehr zu empfehlen: *Ph. Rath/B. Hose* (Hrsg.), Frauen ins Amt! Männer der Kirche solidarisieren sich, Freiburg i. Br. 2022.

Vom Sieg der Macht der Verletzlichkeit über die Macht der Gewalt

Johanna Beck

Weihnachten 2022 wird – wie in den Jahren zuvor – nicht nur von Kriegen und Krankheiten, sondern auch von den düsteren innerkirchlichen Abgründen überschattet. Man denke an die vielen Fälle von sexuellem und geistlichem Missbrauch im Rahmen der katholischen Kirche, die fast wöchentlich ans Licht gebracht werden. An die immer noch vorherrschenden hochproblematischen und sogar nachweislich missbrauchsbegünstigenden Strukturen und Denkmuster und an den verheerenden Umgang von Kirchenverantwortlichen mit den Missbrauchsfällen und -betroffenen. Oder an die Ausgrenzung von LGBTIQ-Personen, die unter einer „Kirche der Angst" leiden. Oder an die immer noch vorherrschende Diskriminierung von Frauen, die nach wie vor aufgrund ihres Geschlechts von der Weihe ausgeschlossen werden. Und während auch in diesem Jahr in den wohlig warmen und stimmungsvoll beleuchteten Kirchen freudig die Menschwerdung und Geburt Jesu gefeiert und in den Gemeinden ausgelassen „O du fröhliche" geschmettert wird, stehen „draußen vor der Tür" die Verletzten, Erniedrigten und Marginalisierten, und ihre Schmerzenszeugnisse und -schreie verhallen in der kalten Winternacht.

Kann bzw. darf so überhaupt Weihnachten werden? Ja, es kann, es darf, es MUSS Weihnachten werden! Jetzt erst recht! Warum? Weil der Kern des Weihnachtsfestes, die Feier der Menschwerdung Jesu, genau diese aktuellen und brennenden Fragen aufwirft – und sie beantwortet. Denn die Weihnachtsgeschichte ist, wie das gesamte Evangelium, vor allem eines: eine Erzählung von guten und von schlechten Mächten und von dem Sieg der Macht der Verletzlichkeit und der Machtlosigkeit über die Macht der Gewalt.

Von guten Mächten …

Auf der einen Seite ist da Gottes Sohn, der aus dem Himmel auf die Erde herabkommt, sich seiner Gottesgestalt entäußert (gr. *kenosis* – Entleerung, Selbstentäußerung)[1], sich selbst entmachtet und Menschengestalt annimmt – um auf diese Weise Gottes geliebten Geschöpfen ganz besonders nahe sein zu können. Im Philipperhymnus des Apostels Paulus lesen wir über diesen revolutionären Schritt: „Er war Gott gleich, hielt aber nicht daran fest, Gott gleich zu sein, sondern er entäußerte sich und wurde wie ein Sklave und den Menschen gleich. Sein Leben war das eines Menschen." (Phil 2,6–7) Und nicht nur das: Gott steigt nicht als erwachsener Mensch mit Blitz und Donner aus einer leuchtenden Wolke herab oder kommt als aristokratischer Nachwuchs wenigstens in einem pompösen Königspalast zur Welt. Nein, er inkarniert sich als hilfloses, vulnerables – und sogleich in Lebensgefahr schwebendes – Neugeborenes in prekären Verhältnissen, am äußersten Rande der Gesellschaft.

Dieses kleine, verletzliche und nach weltlichen Kriterien machtlose Kind besitzt jedoch zugleich eine unermessliche Vollmacht, die von der ersten Sekunde an große Wellen schlägt, die in den folgenden Jahrzehnten noch an Kraft gewinnt und die bis heute verändernd und verwandelnd in die Welt ausstrahlt: Es ist die rettende Macht der Liebe, der Hoffnung, der Zuwendung zu den Ausgegrenzten, der Friedfertigkeit, der Empathie, der Augenhöhe, der Verletzlichkeit und der Machtlosigkeit.

… und von schlechten Mächten

Auf der anderen Seite ist da ein weltlicher Herrscher, König Herodes, dem von den Sterndeutern zugetragen wird, der neue König der Juden sei geboren worden. „Als König Herodes das hörte, erschrak er“ (Mt 2,3). Aus Angst vor dem Verlust seiner Macht, seiner Privilegien, seiner Herrschaftsinsignien, seines Thrones – wie sich dies bei den Gewaltherrschern bis heute beobachten lässt, man denke an Putin oder die KP in China – sendet er seine Soldaten aus, um alle Knaben unter zwei Jahren in Bethlehem und Umgebung umbringen zu lassen und so eine potenzielle Bedrohung seiner Macht aus dem Weg zu räumen. Es ist die zerstörerische Macht des Hasses, der Angst, der Empathielosigkeit, der Erniedrigung, des Absolutismus, der Asymmetrie, der Gewalt. Aber dank der Warnung des Engels und der rettenden Flucht der Heiligen Familie nach Ägypten kann Jesus zumindest dieses Mal der tödlichen Bedrohung durch eine vulnerante weltliche Macht entkommen.

Mehr als dreißig Jahre später wird Jesu Leben erneut von einer gefährlichen weltlichen Macht bedroht: Diesmal ist es nicht König Herodes, sondern es sind die eifersüchtigen Hohepriester in Kombination mit dem römischen kaiserlichen Statthalter Pontius Pilatus, die von der besonderen Vollmacht Jesu erfahren, sich in ihrer eigenen Macht bedroht fühlen und ihm deshalb nach dem Leben trachten. Und für kurze Zeit scheint es so, als habe am

Ende doch die weltliche Macht der Gewalt über die Macht der Verletzlichkeit gesiegt: Jesus wird verhaftet und ans Kreuz genagelt. Jesu bewusste „Entgöttlichung“ und Selbstentmachtung findet in seinem Sklaventod am Kreuz ihren radikalen Kulminationspunkt. Mehr Gottesferne und mehr Menschennähe sind kaum vorstellbar.

Turning Point

Aber genau diese finsterste „Stunde Null“, diese tiefste Krisis wird zum ultimativen Wendepunkt, denn Jesus besiegt den Tod, ersteht auf und kehrt schließlich in den Himmel zurück. Die totale Erniedrigung wandelt sich in eine unüberbietbare Erhöhung. Allerdings wäre Letzteres ohne Ersteres nicht möglich gewesen: Ohne Jesu Selbstentäußerung und Sklaventod hätte es keine Auferstehung gegeben – oder wie Paulus schreibt: „Darum hat ihn Gott über alle erhöht“ (Phil 2,9). Deshalb sollte Weihnachten auch niemals ohne Ostern gedacht werden.

Imperativ

Was bedeutet all dies nun für die Kirche, die sich gerade wieder bereitmacht, Weihnachten (und danach wieder Ostern) zu feiern? Wahres Weihnachten kann erst werden, wenn die Kirche …

… selbst einen kenotischen Prozess durchläuft.

… den Menschen wieder nahekommt, in Demut ihren (Schein-)Heiligenschein ablegt, sich entsakralisiert, entmachtet und „ausleert“ – und so wieder mehr Raum für Gottes Wirken schafft.

… die Kirche selbst das beherzigt, was Paulus im Zuge des Philipperhymnus der Gemeinde in Philippi mit auf den Weg gegeben hat: „Seid untereinander so gesinnt, wie es dem Leben in Christus Jesus entspricht" (Phil 2,5).

… überwiegend von guten und nicht von schlechten Mächten geleitet wird.

… aufhört, Menschen aufgrund ihrer sexuellen Orientierung oder aufgrund ihres Geschlechts zu diskriminieren.

… nicht mehr andere Menschen marginalisiert, erniedrigt oder verletzt, sondern vielmehr integrativ, bestärkend, heilsam – und somit auch wieder evangeliumsgemäßer – wirkt.

… die Betroffenen von geistlichem, sexuellem und/oder Machtmissbrauch in die Mitte stellt, ihnen zuhört, sich berühren lässt, aus ihren Zeugnissen lernt – und entsprechend handelt.

… Betroffene nicht mehr als Bedrohung, sondern als Expert*innen, ja „Sterndeuter*innen" betrachtet, die ihr den Weg in eine bessere Zukunft weisen.

… ihre missbrauchsbegünstigenden Strukturen und toxischen Denkmuster radikal reformiert.

… endlich den Schutz der Opfer über den Schutz der Institution und der Täter stellt.

… ihre eigenen Missbrauchsabgründe schonungslos durchwandert und ausleuchtet und den Betroffenen wahre Gerechtigkeit widerfahren lässt.

Dann, aber erst dann kann tatsächlich Weihnachten werden. Dann gibt es wirklich einen Grund zu feiern. Und nicht nur das: Erst dann kann die Kirche nicht nur auf Weihnachten, sondern auch auf Ostern und eine Auferstehung hoffen.

Anmerkung

[1] *H. Vorgrimler,* Neues Theologisches Wörterbuch, Freiburg i. Br. [2]2000, 344.

Auf gehemmter Suche

Kira Beer

Vorbemerkung

Wir diskutieren viel über das sogenannte „Frauenpriestertum“. Auch ich nehme dieses Wort leichtfertig in den Mund und bin mir viel zu oft nicht bewusst, dass das eigentlich gar nicht das Anliegen beschreibt, das ich habe. Ich bin überzeugt, dass die Repräsentanz Christi unabhängig vom Geschlecht der repräsentierenden Person funktioniert. Das heißt, ich gehe davon aus, dass Menschen aller Geschlechter zum Priestertum berufen sein können. Wenn wir immer nur über cis Frauen sprechen, klammern wir aus, dass auch trans Menschen, nicht-binäre, intersexuelle und agender Personen von dieser Diskriminierung und dem damit verbundenen Schmerz betroffen sind. Ich werde daher in diesem Text von *FINTAs* (Abkürzung für die eben genannten Personengruppen) statt von *Frauen* sprechen. Wenn ich doch die explizit weibliche Perspektive wähle, dann weil es meine eigene ist.

Meine persönliche Suche nach meiner Berufung

Starten wir mit einem Schwenk durch meine Biografie. Meine Familie war noch nie sonderlich christlich, Beten habe ich von meiner Oma abends im Bett gelernt und im Gottesdienst waren wir nur, wenn mein Stöpsel-Ich darum gebeten hat. Wenn es darum geht, warum ich so gläubig bin, sagt meine Mutter immer: „Keine Ahnung, von wem du das hast …“ „Von Gott“, denke ich und grinse in mich hinein. Ich mag es, zu wissen, dass mein Glauben keine anerzogene Sache ist, sondern etwas, das meinem tiefsten Inneren entspringt. Aktiv in der Kirchengemeinde bin ich erst nach der Firmung geworden. Unser Pfarrer nennt mich gern die Spätberufene unter den Ministrant*innen. Die Kirchengemeinde war in meiner Jugend der Ort, an dem ich meinen Glauben bewusster und intensiver gelebt habe. Ich habe wahnsinnig viel Kraft aus den Gottesdiensten gezogen und mich immer mehr ehrenamtlich engagiert. Als ich mich mit der Frage befassen musste, was ich eigentlich später mal werden will, war Kirche keine Option. Meine Heimatgemeinde hat nur einen Diakon und einen Priester und ich wusste schlichtweg nicht, dass es die Berufsfelder Gemeinde- und Pastoralreferent*in gibt. Ich ging also davon aus, als Frau keine Berufschancen in der Kirche zu haben … bis eines Tages mein Religionslehrer Flyer von „Berufe der Kirche“ mitgebracht hat. Ich habe die Berufsprofile von Gemeinde- und Pastoralreferent*innen gelesen, in den Wochen darauf die Infotage dazu besucht und ab da war klar: Das will ich machen! Ich empfinde es als so großes Geschenk, dass ich den Glauben durch meine Heimatgemeinde kennenlernen durfte, dass ich mir nichts Schöneres vorstellen kann, als das später an andere weiterzugeben.

Bis zu meinem Umzug nach Tübingen habe ich es zwar als ungerecht und überflüssig empfunden, dass die Weihe nur (cis) Männern vorbehalten ist, aber selbst hat es mich nicht wirklich betroffen. „Ich will ja heiraten, also ist das nichts für mich“, dachte ich. In den ersten Monaten in Tübingen bin ich wahnsinnig im Glauben gewachsen. Erst hier habe ich begonnen, die Schönheit unserer Liturgie zu begreifen und ganz neu daraus schöpfen gelernt. Mir ist immer bewusster geworden, wie sehr ich es schätze, dass unsere Kirche Sakramente hat. Das sind in meinen Augen die intimsten Momente, die Menschen mit Gott haben können. Und je mehr ich sie lieben gelernt habe, desto mehr wuchs in mir die Ahnung, dass da ein Ruf sein könnte, Menschen in diesem Dienst zu begegnen. Am 12. März 2020 habe ich in mein Tagebuch geschrieben:

> „Gestern habe ich auch zum ersten Mal zugelassen, darüber nachzudenken, Priesterin zu sein. Ich hatte den Wandlungsdienst[1] bisher immer für mich ausgeschlossen, aber dann ist mir aufgefallen, mit welcher Leidenschaft ich als Ministrantin den Dienst am Altar tue. Und dann blitzte der kurze Gedanke auf, dass Gott mich vielleicht ganz bewusst zum Ministrieren gebracht hat und dass dahinter vielleicht viel mehr steckt. Ich habe ja auch immer gesagt, ich fühle mich nicht würdig, zu wandeln. Irgendjemand hat dann mal zu mir gesagt, dass das vielleicht genau die richtige Einstellung dafür wäre. Ja, es geschieht nicht durch den Priester allein, sondern durch den Glauben der Gemeinde und vor allem durch Gottes Geist. Aber, was soll ich tun, wenn sich der Wunsch nach diesem Amt bestätigt? Es ist nicht realistisch, dass ich das irgendwann leben kann. Ich habe Angst, bin unglaublich unruhig und aufgewühlt. Und irgendetwas sagt mir, dass da noch Großes kommt."

Ich weiß noch, ich saß mit all diesen neuen Gedanken in meiner Gebetsecke und habe nur ein großes „Fuck" ausgesprochen. Fuck, was mache ich, wenn ich tatsächlich berufen bin? Wie kann mein Weg dann weitergehen und wie finde ich das überhaupt heraus?

Seitdem, also seit gut zwei Jahren, lebe ich in einem komischen Hin und Her. Vor allem am Anfang war das Ziehen ganz stark, entsprechend auch die Verzweiflung und die Tränen. Inzwischen hat sich alles ein bisschen in mir gelegt. Ich meine nicht, dass ich mich vielleicht doch nicht so berufen fühle wie noch vor zwei Jahren. Eher ist eine gewisse Gewohnheit eingetreten. Es ist ein bisschen wie beim Verlieben. Am Anfang dreht man durch, kann kaum noch klar denken, erlebt alles superintensiv. Irgendwann flacht das ab, Ruhe und Routine kehren ein. So fühlt es sich ein wenig mit meinen Berufungsfragen an. Sie sind nicht weg, aber ich habe mich irgendwie daran gewöhnt, mit ihnen zu leben, und auch daran, dass sie vorerst ungeklärt bleiben. Ich habe mich daran gewöhnt, dass ich viel Zeit im Priesterseminar verbringe, aber eben immer nur zu Besuch bei meinen Freunden. Ich lache mit, wenn jemand dort den unfassbar originellen Witz „Oh, eine Frau!“ reißt, wenn er mir auf dem Gang begegnet, und spare mir eine Diskussion darüber, warum das eigentlich absolut nicht witzig ist.

Ein Haufen ungeklärter Fragen

Irgendwann habe ich angefangen, auf Instagram über meine Berufungsfragen zu sprechen. Seitdem habe ich hauptsächlich überwältigenden Zuspruch erfahren, war aber auch Thema in rechtskonservativen Telegram-Gruppen, weil ich ja angeblich Priesterin werden will. Ich hasse es, wenn mir das in den Mund gelegt wird. Ich weiß nämlich gar nicht, ob ich das will. Und genau das ist ja der springende Punkt: Wie soll ich das jemals herausfinden, wenn die Antwort eigentlich gar nicht „ja“ heißen darf? Eine Berufung zum Priesteramt zu prüfen, das macht man nicht mal eben, indem man ein bisschen betet und probeweise die Hände am Altar ausbreitet. Auch wenn ich gestehen muss: ja, das habe ich schon heimlich allein gemacht, und ja, ich hatte dabei das Gefühl, etwas Verbotenes zu tun, wie bescheuert ... Eine Berufung zu prüfen, ist so viel mehr. Es ist zum Beispiel auch die Frage nach der für mich stimmigen Lebensform. Als ich mal bei einer Podiumsdiskussion einer Kirchengemeinde zu Gast war, hat mich im Anschluss ein alter Mann gefragt, ob ich Priesterin werden wolle. Ich habe ihm erzählt, dass ich mich kaum traue zu sagen, dass ich mich vielleicht zur Priesterin berufen fühle, solange ich zeitgleich weiß, dass ich nicht zölibatär leben will. Ich wäre ja verrückt, gleich zwei große Reformen zu fordern, als würde ich mir in der katholischen Kirche alles so zusammenbasteln, wie es mir in den Kram passt. Dieser Mann meinte daraufhin, er wünsche sich, dass es in der Kirche irgendwann verheiratete Priesterinnen gibt. Er sagte das total selbstverständlich und gleichzeitig mit einer Art von Mitleid in seinem Blick, als denke er so etwas wie: „Oh Mädel, lass dich doch von den Strukturen dieser Kirche nicht so klein halten, natürlich darfst du sagen, dass du Priesterin werden willst, auch wenn du nicht ehelos leben willst!“

Was hat das mit Weihnachten zu tun?

Ja und jetzt feiern wir bald wieder Weihnachten. Wenn ich dabei betone, dass wir Mensch- und nicht Mannwerdung Gottes feiern, werden wieder einige die Augen rollen über so ein flaches Argument. Aber genau das ist ja das Drama. Für ein Erstkommunionkind wird wohl völlig klar sein, dass wir an Weihnachten feiern, dass Gott *Mensch* wurde. Aber einige Personen, die jahrelang Theologie studiert haben, glauben immer noch, es sei ein Argument gegen die Weihe aller Geschlechter, dass Gott *Mann* wurde.[2] Manchmal stelle ich mir vor, wie diese Menschen an irgendeinen dieser Orte pilgern, an denen die vermeintliche Vorhaut Jesu als Reliquie liegt, und diese verehren, als sei nicht Jesus, sondern sein bestes Stück das Zentrum unseres Glaubens.[3] Ich kann und will nicht abstreiten, dass Gott in Jesus Christus eine menschliche Gestalt angenommen hat, die männlich war. Und trotzdem ist mir unbegreiflich, wie man meinen kann, das biologische Geschlecht sei entscheidend für die Repräsentanz Christi.

Ich feiere an Weihnachten nicht, dass Gott Mann wurde. Ich feiere, dass Gott Mensch wurde und dass dieser Mensch alle Vorstellungen, die die Menschheit vor und auch nach ihm von Macht in all ihren Dimensionen hatte, umgekehrt hat. Und ich frage mich: Wird das sichtbar, wenn wir an Weihnachten denken? Sehen wir ein schutzloses Baby, das ohne die Hilfe anderer nicht mal überleben würde? Sehen wir, wie der Mensch, zu dem dieses Kind herangewachsen ist, gewirkt hat? Sehen wir, dass er seinen Jünger*innen die Füße gewaschen hat und nicht umgekehrt? Ja, sehen wir, wenn wir die Geburt Christi feiern, dass er kläglich am Kreuz sterben wird? Und wenn wir diesen Menschen, der gedient hat, statt bedient zu werden, der gelitten hat und gestorben ist, so sehen, wie können wir denken, ausgerechnet sein Geschlecht wäre entscheidend? Und wieso sitze ich allein in meinem Zimmer und frage mich, ob ich mir überhaupt anmaßen darf, in die Nachfolge dieses Menschen zu treten, und muss mir gleichzeitig von Katholik*innen im Netz ernsthaft vorwerfen lassen, es ginge mir um Macht!? Manchmal kann ich gar nicht in Worte fassen, wie paradox ich das alles finde.

Mein „Mottosong", der mich durch meine „zerrissene Berufung" begleitet, ist „What's Up" von den 4 Non Blondes. Sie singen: *„And I try, Oh my god do I try, I try all the time in this institution. And I pray, oh my god do I pray, I pray every single day for revolution"*.

Ja, ich versuche es in dieser Institution. Ich versuche es noch nicht so lange wie viele andere FINTAs und noch habe ich viel Energie. Ich weiß aber auch, dass ich eben nicht weiß, wie das nach weiteren Jahren und Jahrzehnten aussieht.

Ich glaube, Weihnachten kann in mir und auch in unserer Kirche erst werden, wenn wir ernst machen mit der machtlosen Macht, mit der Gott Mensch geworden ist. Wenn die Machthabenden verstehen, dass das ganze Gottesvolk davon profitiert, wenn alle, *die zu einem Dienst in der Kirche bestellt sind*, diesen auch zum Wohle der Gemeindemitglieder ausführen können. Dass es hier auch in nicht geringem Maße um die Gemeinde geht, ist übrigens ein Punkt, der, wie ich finde, viel zu wenig beleuchtet wird. Ja, es ist ein großer Schmerz für alle berufenen Menschen, wenn sie diesem Ruf nicht folgen können. Es ist aber vor allem auch ein bewusst in Kauf genommener Mangel an entfalteten Charismen, die der ganzen Gemeinde zuteilwerden könnten, wenn die Kirche weiter daran festhält, nur cis Männer zu weihen. In diesem Sinne kann der Hashtag #weihefüralle, den ich vor zwei Jahren mit anderen Frauen ins Leben gerufen habe, zwei Dimensionen der einen Forderung ausdrücken: zum einen die Möglichkeit zur Weihe für alle, die berufen sind, unabhängig vom Geschlecht; zum anderen die Möglichkeit, den

Dienst von Geweihten aller Geschlechter in Anspruch nehmen zu können, ganz daran orientiert, welche Charismen gerade gefragt sind.

Anmerkungen

[1] Das ist wohl ein kleiner Neologismus meines Tagebuchs. Ich meine damit einfach das Vorstehen der Eucharistiefeier bzw. ganz konkret die Person zu sein, die die Hände zur Wandlung über dem Altar ausbreitet.

[2] Vgl. https://www.katholisch.de/artikel/27804-zufall-oder-nicht-jesus-war-nun-mal-ein-mann (Zugriff: 29.03.2022).

[3] Vielleicht sind Sie jetzt entrüstet und finden meinen Vergleich frech und geschmacklos. Ich kann das verstehen, lasse ihn aber bewusst stehen, weil ich finde, dass er ganz anschaulich zeigt, wie auch Zynismus eine der Bewältigungsstrategien ist, um die Diskriminierungen unserer Kirche überhaupt auszuhalten.

Mein persönliches Weihnachtswunder

Stephanie Butenkemper

Ich glaube wieder an Wunder! Angesichts meiner zurückliegenden Erfahrungen mit spirituellem Missbrauch ist selbst das ein Wunder. Doch ich habe tatsächlich eines erlebt. Wunder sind für mich Geschehnisse, die außergewöhnlich und nicht erklärbar sind, auf die wir nicht (mehr) zu hoffen wagen und die uns in großes Erstaunen versetzen. Kurz vor Weihnachten durfte ich also mein persönliches Weihnachtswunder erleben, so dass ich wirklich sagen konnte: „Jetzt kann endlich Weihnachten werden!" Doch der Weg dahin war ziemlich lang. Ein langer Advent, bei dem die fünfte Kerze langsam schon herunterbrannte.

Radikale Anfangsbegeisterung: „Nicht denken, beten!"

Aber der Reihe nach. 14 Jahre lang war ich engagiertes und überzeugtes Mitglied einer geistlichen Gemeinschaft. Auf der Suche nach anderen Jugendlichen, denen der Glaube ebenfalls wichtig war, traf ich im Alter von 18 Jahren auf eine Gruppe junger, begeisterter Katholik*innen. Auf ihre Radikalität, die mir anfangs zu krass und weltfremd erschien, waren sie stolz und nannten sie „Entschiedenheit". Damit grenzten sie sich bewusst von der lauen Christenheit „da draußen" ab und wähnten sich als Auserwählte des Herrn, als treue Herde, als heiliger Rest. Sie lebten nach dem Motto: Wer soll dem Herrn helfen, die Welt zu retten, wenn nicht wir?

Trotz des intuitiven Widerwillens, den ich zunächst verspürte, schien mir die Zugehörigkeit zu dieser religiösen Elite zunehmend alternativlos, wenn ich ebenfalls „heilig" werden wollte wie sie. Sehr bald nach meinem Beitritt bekam ich allerdings den Leistungsdruck zu spüren, der uns anspornen sollte, „nicht mehr zurückzublicken", nachdem wir „die Hand an den Pflug gelegt" hatten. Das Gebetspensum war enorm und übertraf bei weitem das der meisten „Vollzeit-Geistlichen". Weil ich dadurch nur wenig freie Zeit hatte, wurde der Kontakt zu meinen „weltlichen" Freund*innen immer weniger. Doch auch das war gewollt, denn ich sollte schließlich „die Perlen nicht vor die Säue werfen" und mich von ihnen nicht länger auf dumme Gedanken bringen lassen, sondern mich stattdessen mit gleichgesinnten Gemeinschaftsmitgliedern umgeben. Es entspann sich ein Kontrollsystem, in dem wir uns gegenseitig beobachteten und einander permanent an die radikalen Ideale erinnerten, die wir leben wollten. Ein Ausbrechen aus diesem Korsett war fast unmöglich. Als ich im Vertrauen gegenüber einer Freundin kritische Gedanken äußerte, wussten kurze Zeit später einige Leute aus der Leitungsriege der Gemeinschaft davon und sprachen mich darauf an. Spätestens da wusste ich, dass ich niemandem wirklich vertrauen konnte.

Nun stellt sich die Frage: Warum bist du nicht gegangen, als es dir zu eng wurde? Doch genau das ist das Problem bei spirituellem Missbrauch. Die verführerische Positivität der Gemeinschaft war enorm stark: Wir fuhren jedes Wochenende durch ganz Deutschland, um in Gemeinden oder auf Glaubenstreffen gemeinsam zu „evangelisieren", Musik zu machen, Theater zu spielen, Menschen zu treffen. Dieses Leben war bei aller Enge das reinste Abenteuer. Wir stiegen manchmal ins Auto, ohne zu wissen, wohin es ging, und durch die intensive und viele gemeinsam verbrachte Zeit entstand eine große Nähe und Vertrautheit untereinander. Wir waren wirklich Schwestern und Brüder. Verbündete im Geiste mit einer großen Mission. Für den Herrn unterwegs zur Rettung der Seelen. Das alles übertönte die Traurigkeit und Einsamkeit, die ich in manch ruhigen Momenten plötzlich schmerzhaft verspürte. Gleichzeitig gab es ein Leitwort, das uns non-stop zugerufen wurde: „Nicht denken, beten!" Kamen also kritische Gedanken oder Überlegungen auf, die nicht zu dem Lebensentwurf der Gemeinschaft passten, wurden sie – je nach Widerstandskraft – mit zwei oder drei Rosenkränzen totgeschlagen.

Schmerzhafte Erkenntnis: „So will ich nicht mehr leben!"

Gott sei Dank ließ sich der Heilige Geist dadurch nicht ganz verscheuchen. Nachdem mein Körper in Form eines Burnouts in einen dreimonatigen Streik getreten war, kam ich endlich doch zum Nachdenken. Beten ging nun nicht mehr aufgrund meiner körperlichen Schwäche. Die Unterstützung einer Psychologin half beim Reflektieren. Langsam stellte ich das System der Gemeinschaft in Frage. Mit meinem Ausfall war ich plötzlich nicht mehr interessant für meine „Geschwister". Aus den Augen, aus dem Sinn. Auch das half, wenn auch auf schmerzhafte Weise. Zum ersten Mal spürte ich im tiefsten Inneren, wie unglücklich ich war. Die früheren Erklärungsmuster für Traurigkeit waren grundsätzlich diese gewesen: 1. Du hast gesündigt und musst umkehren. Oder: 2. Du erlebst eine Phase der Trockenheit im Gebet und da musst du einfach durch, wenn du geistlich wachsen willst. Damit waren alle anderen Überlegungen raus. Nun aber stand mir glasklar vor Augen: So will ich nicht mehr leben! Das tut meinem Körper nicht gut. Das tut meinem Geist nicht gut. Das tut meiner Seele nicht gut.

In dieser Zeit las ich erstmals ein Buch über spirituellen Missbrauch und konnte damit endlich einordnen, was ich in den letzten Jahren erlebt hatte. Es war eine große Erleichterung für mich, dieses Phänomen benennen zu können. Gleichzeitig begann damit langsam, aber sicher meine schöne Burg zu bröckeln, die ich mir in so vielen Jahren mühsam aufgebaut hatte. Das Fundament, auf dem ich stand, wankte enorm, was mich sehr verunsicherte. Da uns stets Selbstreflexion und Bereitschaft zur Umkehr gepredigt wurde, berichtete ich dem Leiter der Gemeinschaft von meinen erschütternden Erkenntnissen. Ich glaubte allen Ernstes, es würde ihm ebenfalls wie Schuppen von den Augen fallen, oder zumindest rechnete ich mit seinem Interesse an meinen Kritikpunkten. Pustekuchen. Nach wenigen Sätzen wurde ich unterbrochen: So lange sei ich schon Mitglied in der Gemeinschaft und nichts hätte ich begriffen. Was für eine Enttäuschung! Ich müsse mehr beten und sei nicht geistlich genug.

Dieses Mal bewirkte seine Reaktion bei mir kein schuldbewusstes Einknicken. Im Gegenteil: Mein Glaube an die Gemeinschaft und ihre Offenheit für den Heiligen Geist war noch nicht erloschen. In den folgenden Wochen suchte ich mit drei weiteren Mitgliedern des Leitungsteams das Gespräch. Aber nichts. Je deutlicher meine Kritik, desto höher die Mauer des „Nicht-hören-und-nicht-sehen-Wollens“. Spätestens an diesem Punkt erwachte die Jeanne d'Arc in mir. Ich konnte mich nicht heimlich, still und leise aus dem Staub machen und die anderen sich selbst überlassen. Zu groß war mein Verantwortungsbewusstsein denen gegenüber, die ich im Laufe der Jahre genauso behandelt hatte, wie mit mir umgegangen worden war. Indem ich den Druck und die hohen Ideale nach bestem Wissen und Gewissen auch an andere, meist Jüngere weitergegeben hatte, war ich doch gewissermaßen selbst zur Mittäterin geworden. Zu groß war aber auch das Bedürfnis nach Wahrheit und Gerechtigkeit angesichts des erlittenen Unrechts und meines „gestohlenen" jungen Lebens.

Also wandte ich mich in meiner Verzweiflung zunächst an einen Exerzitienpater, der unsere Gemeinschaft kannte, und dann an eine erfahrene Priorin, der ich verbunden war. Beide empfahlen mir umgehend und unabhängig voneinander, mich an den zuständigen Bischof zu wenden. Diesem Rat folgte ich mit einer Mischung aus Erleichterung und Anspannung. Ich wusste ja gar nicht, ob er mir glauben und mich verstehen würde. Doch es war die einzige Möglichkeit, die mir blieb. Während Betroffene von spirituellem Missbrauch in Freikirchen oft nicht wissen, an wen sie sich in ihrer Not wenden sollen, weil es außerhalb ihrer Gemeinde keine Zuständigkeit gibt, war ich nun sehr dankbar für die Strukturen der katholischen Kirche. Durch die kirchliche Anerkennung der Gemeinschaft gab es einen geistlichen Beirat, an den ich mich wandte. Zum Glück lief ich hier offene Türen ein. Der Beirat wandte sich selbst an den zuständigen Bischof und dieser veranlasste eine umfassende Visitation. Hierarchische Strukturen und Verantwortlichkeiten können in einem solchen Fall – wenn sie zum Guten genutzt und nicht missbraucht werden – also durchaus hilfreich sein.

Zwischen Hoffnung und Resignation

Mit der Visitation begann für mich die Zeit des Advents. Die Zeit des Wartens und Ausharrens in der Dunkelheit. Fast fünf lange Jahre. Andere „Beschwerdeführer*innen“ hatten sich angeschlossen und nachdem wir unsere Aussagen gemacht hatten, begann ein Prozess des Bistums mit der Gemeinschaft, von dem wir nicht viel mitbekamen. Die Gemeinschaft sollte durch Gespräche, Reflexion und Austausch auf einen Weg der Erneuerung geführt werden. Wir Betroffene fühlten uns dabei ziemlich zurückgelassen in der adventlichen Umnachtung. Wir erhielten kaum Informationen und waren uns selbst überlassen. Dass hier ganze Existenzen zerstört waren, Menschen auf den Trümmern ihres geistlichen und sozialen Lebens saßen und nicht ein noch aus wussten, schienen die kirchlichen Verantwortlichen nicht auf dem Schirm zu haben. Oder interessierte es sie nicht? Waren sie überfordert mit unserer Überforderung? Für manch eine*n Betroffene*n gingen daher schon an dieser Stelle die Lichter auf dem imaginären Adventskranz aus. Was war hier noch zu erwarten oder zu erhoffen? Nicht viel vermutlich.

Die Zeit des Wartens hat ein Ende: Gott überrascht uns

Doch dann kam das Weihnachtswunder. Völlig unverhofft – wie Wunder das so an sich haben – und ohne Vorwarnung. Während sich der Frust bei mir schon so weit angestaut hatte, dass ich dem ganzen Prozess innerlich bereits den Rücken zukehren wollte, erhielt ich einen Anruf. Es war Anfang November. Eine Verantwortliche des Bistums sagte mir, ich werde bald Post bekommen. Der Bischof habe die Entscheidung getroffen, die Gemeinschaft per Dekret aufzulösen. Peng! Ohne Vorwarnung stand der Engel bei den Hirten. Die Überraschung war vielleicht ähnlich. Zumindest fühlte es sich so an. Nur ohne Glanz und ohne Gloria. Damit hatte ich nun wirklich nicht gerechnet. Ein Weihnachtswunder! Mein persönliches Weihnachtswunder! Plötzlich wird es hell, die Hoffnung kehrt zurück und ebenso ein Gefühl von Glück und Zufriedenheit. Gerechtigkeit stellt sich ein. Besonders bewegt mich in diesem Telefonat die Bestätigung, dass der Bischof „spirituellen Missbrauch" festgestellt habe. Ich fühle große Erleichterung. Aus dem bloßen Vorwurf ist eine offizielle kirchliche Feststellung geworden. Diesen Unterschied kann ich förmlich spüren. Jetzt kann wirklich Weihnachten werden.

An diesem Weihnachten betrachte ich die Krippe anders als sonst. Unser Gott kommt in einen kleinen zugigen, löchrigen, baufälligen Stall. So mutet auch unsere Kirche in diesen Tagen manchmal an. Voll Mist und Stroh und nicht wirklich anziehend. Es gibt den Missbrauch in unserer Kirche – den spirituellen wie den sexuellen. Beide müssen wir anschauen und benennen. Doch bevor wir tatkräftig ausmisten und scheinbar morsches Gebälk abreißen wollen, gilt es die Betroffenen in den Blick zu nehmen. Sie sind diejenigen, um die es geht. Wenn wir etwas vom Missbrauch verstehen wollen, müssen wir sie anhören, denn sie sind die eigentlichen Expert*innen. Allzu oft haben sie einen langen Weg des „Nicht-gehört- und Nicht-verstanden-Werdens" hinter sich. Einen zu langen Advent, bei dem die Hoffnung und manchmal auch der Glaube bereits gestorben sind. Auch und gerade für sie ist Jesus in den Stall gekommen, in die Armut und Nacktheit. Wo nichts mehr wächst und blüht, braucht es ein

Wunder, damit neues Leben entstehen kann. Als Christ*innen dürfen wir an Wunder glauben und darauf hoffen, dass Gott eingreift.

Eine Freundin, Mutter von drei Kindern, schrieb mir kurz vor Weihnachten: „Die Kinder sind echt schon seit Tagen ganz aufgeregt. Da ist es doch ganz gut, dass der Advent nicht unendlich geht." Oh ja, wie recht sie hat! Das Schöne an Weihnachten ist doch auch, dass die Zeit des Wartens endlich vorüber ist. Wenn die Spannung ihren Höhepunkt erreicht hat, öffnen sich endlich die Türen und „der Heiland tritt hervor". Die flehentlichen Rufe „O komm, o komm, Emmanuel" verstummen vor der Krippe. Der Retter ist da, der Friedensfürst, der starke Gott und wunderbare Ratgeber. Das Dunkel wird hell. Hatten die Hirten überhaupt damit gerechnet? Nein, ganz sicher nicht. Vielleicht holte der Engel auf dem Feld sogar deshalb Verstärkung in Form des „großen himmlischen Heeres", weil die Hirten es nicht direkt verstehen wollten. Wer weiß. Am Ende zählt, dass Er da ist. Dass Er uns überrascht mit seinem Eingreifen und uns damit die Gewissheit gibt: Er ist der Ich-bin-da, der Gott mit uns. Gerade dann, wenn wir nicht (mehr) mit Ihm rechnen.

Die chaotische Platzwahl im Stall von Bethlehem und die Suche nach meinem Platz als Frau in der Kirche

Ute Garth

Wo ist mein Platz als weibliche hauptamtliche Mitarbeiterin in der katholischen Kirche? Mit ein bisschen Galgenhumor bin ich versucht zu sagen: „Nirgendwo." Aber das wäre natürlich übertrieben und auch nicht ganz richtig. Dennoch ist es mehr als offensichtlich, dass es im Bereich des geweihten Priestertums eine Cis-Männerquote von 100 % gibt und im Umkehrschluss eine Nicht-Cis-Männerquote von 0 %. Damit könnte die oben gestellte Frage doch schon beantwortet sein, denn in den klassischen bzw. geweihten Ämtern gibt es eine unbestreitbare Diskriminierung des weiblichen Geschlechts und aller nicht cis-männlichen Personen. So sehe ich keinen offiziell zugedachten Platz für mich als Theologin innerhalb der patriarchalen und hierarchischen Männerstruktur. Da höre ich sie aber schon sagen: „Das stimmt nicht! Du übertreibst. Es gibt da einen Platz für dich." Die Argumentation dafür bedient sich der Unterscheidung des Zweiten Vatikanischen Konzils zwischen dem gemeinsamen Priestertum, an dem alle getauften und gefirmten Christ*innen teilhaben, und dem hierarchischen Priestertum (Lumen Gentium 10). Auf den Satz: „Als getaufte Frau, sogar beauftragt für deinen Dienst vom Bischof, hast du im gemeinsamen Priestertum sehr wohl deinen Platz in unserer Kirche", wird die Rede fortgeführt und nur in Gedanken ergänzt: „Stell dich also nicht so an!"

Genau diese Zwischentöne, das Nichtgesagte, das trotzdem im Raum steht, die scheinbar erwartete demutsvolle Zurückhaltung machen es uns hauptamtlichen Frauen und allen nicht cis-männlichen Personen ganz schön schwer, weil sie neben die explizite Ausgrenzung von Frauen und diversen Menschen in der katholischen Amtskirche eine weniger gut greifbare, aber deutlich spürbare zusätzliche Diskriminierung setzen. Diese subtile Diskriminierung, die in Erfahrungen nur sehr schwer zu benennen ist, die nur schwer ausgesprochen und verstanden wird, die einer unterschwelligen Haltung und einem verdeckten Wertesystem zuzuordnen ist, wird auch von mir nicht immer gleich im Moment entlarvt und angesprochen, sondern enttarnt sich in der Reflexion über ein „aufwühlendes Gefühl", das sich im Nachhinein eingestellt hat. In dieser Reflexion wird deutlich, dass sich mein Denken und Handeln deutlich unterscheidet von einer männlich-klerikalen Denkweise und im Raum des Systems der katholischen Kirche eine inklusive Haltung kaum vorkommt.

Subtile und ganz persönliche Diskriminierungserfahrungen

Ich denke da an den Abschluss der von mir verantworteten Firmvorbereitung mit hochmotivierten Jugendlichen und jungen Erwachsenen, die im Glaubenskurs von ihrem Glauben erzählt haben und die Firmlinge begeistern konnten. Dieser Abschluss war der feierliche Firmgottesdienst, zu dem der Bischof kam, um die sakramentalen Handlungen durchzuführen. Ich brauche nicht darüber zu sprechen, dass klar war, wo der Bischof in diesem Gottesdienst Platz nimmt. Ich muss wahrscheinlich auch nicht erwähnen, dass dies für den Pfarrer ebenfalls klar war. Über meinen Platz hatte sich niemand Gedanken gemacht, und so kam es, dass ich am Rand saß, fast komplett verdeckt von einer Säule und ohne die Möglichkeit, in Blickkontakt zu den Firmlingen und ihren Katechet*innen zu treten. Das „aufwühlende Gefühl“ stellte sich damals schon im Gottesdienst ein, und ich war auf meinem Hocker so wütend und enttäuscht, fühlte mich nicht gesehen in meiner Rolle und Verantwortung und schwor mir, dass mir so etwas nicht noch mal passieren würde. Der Pfarrer, den ich im Nachhinein auf meine Gefühlslage angesprochen hatte, konnte mein Problem nicht verstehen und war glücklich über den gelungenen Gottesdienst. Er wischte meine Wahrnehmung weg, so wie oben beschrieben: „Du hattest doch einen guten Platz. Du saßt ganz nah dran.“ So kann ich festhalten: Ja, es gab da einen Platz für mich, aber nicht den, den ich mir selbst ausgesucht hätte, und nicht den, der meiner Rolle und meinem Wert bzw. meiner Würde entsprochen hätte. Aus dieser menschlichen Würde heraus ergeben sich die gleichen Rechte für jedes Geschlecht, nicht nur im gesellschaftlichen Diskurs, sondern auch innerkirchlich und dort auch im liturgischen Raum. Die festgestellte Diskrepanz zwischen Rolle und Platz fiel nicht nur mir auf, sondern auch anderen Frauen im Gottesdienst.

Diese subtile Art der Diskriminierung, bei der man als hauptamtliche Mitarbeiterin das Gefühl hat, keinen Platz zu haben, obwohl man auf einem sitzt, findet nicht nur vielfach im liturgischen Raum statt. Eine meiner Kolleg*innen beschreibt alltägliche Begebenheiten, die wir alle schon erlebt haben und erfahren mussten. „Gell, Sie räumen nach der Veranstaltung auf, Sie schließen zu und kümmern sich um alles!“ Diese Aussagen muss sie sich vom leitenden Pfarrer anhören – ganz selbstverständlich, ohne Bitte, ohne Mithilfe. Warum sagt er das und handelt so? Weil sie kein Mann ist? Weil sie Laiin ist?

Auch Sitzungstermine für den Pfarreirat werden ausschließlich mit dem Pfarrer abgesprochen, mit ihr hingegen nicht – scheinbar ist es nicht wichtig, ob sie Zeit hat, bzw. es wird wohl erwartet, dass sie sich die Zeit für die vorgegebenen Termine nimmt. In diesen Situationen kommt das oben beschriebene „aufwühlende Gefühl“ auf. Sie zeigen, dass wir als hauptamtliche Mitarbeiterinnen im System Kirche ständig unseren Platz suchen müssen und sowohl einer offensichtlichen als auch einer subtilen Diskriminierung durch die hierarchische Männerstruktur ausgeliefert sind.

Ich bin froh, dass es Orte und Zeiten in meinem beruflichen Alltag gibt, in denen ich selbstverständlich Platz nehmen kann, gleichberechtigt, kollegial, im biblischen Wort verbunden und die Gemeinschaft feiernd. Seit mehr als zehn Jahren treffe ich mich mit drei weiteren Kolleginnen in unserem „Frauennetzwerk“. Ich erlebe diesen Ort als barrierefrei und diskriminierungsfrei. Es gibt keine Denkverbote, sondern Solidarität und Unterstützung. Wir teilen unseren Glauben und unsere Fragen, nicht selten unsere Wut und manchmal auch die Hilflosigkeit. Wir halten gemeinsam aus, vor was uns die Männerkirche und ihre Strukturen stellen. Die Spannung zwischen offensichtlicher Diskriminierung und subtilem Ausschließen reflektieren wir und versuchen in gegenseitiger Stärkung in unseren Handlungsfeldern darauf aufmerksam zu machen. Es geht also auch anders in dieser von Männern dominierten Kirche, in der in mir und in vielen Menschen die Sehnsucht nach diskriminierungsfreien Räumen weiter wächst, in denen unterordnende patriarchale und hierarchische Strukturen keine Rolle spielen und ich als Frau sein darf, wie ich bin. Der Traum dieser Veränderung sitzt tief im Herzen, und ich glaube, dass auch nur von dort wirkliche Veränderungen geschehen können. Denn diese Veränderungen geschehen nicht allein in den Frauen, nicht im System und nicht in der Hierarchie. Diese Veränderung kann nur in jedem und jeder Einzelnen beginnen.

Die Liebe als Maßstab

Mit Blick auf die Weihnachtsgeschichte kann ein Mann helfen, die Blickrichtung zu verändern, und damit Vorbild sein, alte und verknöcherte Strukturen hinter sich zu lassen. Fernab der Frage nach der Historizität lässt sich in der theologischen Reflexion der lukanischen Erzählung von der Jungfräulichkeit Mariens bei der Geburt ihres Sohnes nämlich eine interessante Perspektive in den Blick nehmen. Wenn ich mir vorstelle, wie Josef als Verlobter auf die Neuigkeiten der Schwangerschaft seiner Verlobten Maria hätte reagieren können, dann sind die Optionen überaus vielfältig. Marias Platz in der Gesellschaft hätte auch einer am Rand der Gesellschaft werden können, völlig diskriminiert und ausgeschlossen, fremdbestimmt und ohne die Möglichkeit, eigenverantwortlich für sich und das ungeborene Kind zu agieren. Der „hintergangene" Josef handelt aus Liebe zu ihr, aber auch aus Liebe zu sich selbst, die er als Gottes Geschenk annimmt. Er kann sich selbst so lieben und akzeptieren, dass es keine Rolle spielt, was andere sagen, und der Maßstab seines Tuns allein die Liebe bleibt. Diese Liebe zu Maria, zu dem ungeborenen Kind und zu sich selbst ist verändernd. Sie hat die Kraft, Hierarchien, unmenschliche Gesetze und patriarchale Strukturen hinter sich zu lassen.

Diese Liebe, wie sie Josef für sich annehmen konnte, wünsche ich allen Menschen in unserer Kirche. Die Liebe zu sich selbst, von Gott geschenkt, um den jeweiligen Menschen zu sehen und in den Mittelpunkt des Denkens und Handelns zu stellen. Die Liebe in jedem und jeder Einzelnen von uns ist die Kraft zur Veränderung im System Kirche. Die Liebe lässt jedem Menschen seine eigene Würde und damit auch seinen eigenen Wert zukommen. Meinen Wert erhalte ich durch das Geliebtsein, ob durch Selbst- oder Nächstenliebe, durch die Gottesliebe, und deshalb brauche ich keine Machtstrukturen wie das Patriarchat oder eine kirchlich verfasste Hierarchie, um (m)einen Wert zu behaupten und mich damit über andere zu stellen. Das heißt, ich nehme meinen Platz als Frau in der katholischen Kirche selbstverständlich ein und erlebe keinen faulen Kompromiss, den mir andere zugestehen und einreden möchten. Denn im Idealfall passiert auch in ihnen die Veränderung, sich über den eigenen Selbstwert hinaus nicht der hierarchischen oder patriarchalen Hilfsstrukturen bedienen zu müssen, sondern aus der durch die Liebe geschenkten Wertigkeit und Würde gleiche Rechte im System Kirche erfahrbar und erlebbar zu machen.

Das Platzeinnehmen an der Krippe als beispielhafte Gegenerfahrung

Wenn ich an das Weihnachtsfest denke, die Krippenspielszene in der Kirche vor mir, dann sehe ich, durch das Kind Jesus ausgelöst, dass Platzeinnehmen an dieser Krippe nichts mit einer autoritären Fremdzuschreibung von Plätzen zu tun hat, nach dem Motto: „Die Sterndeuter zuerst, dann bitte die Hirten und im restlichen Krippenstall verteilen sich dann die Schafe." Den Platz an der Krippe nehmen die biblischen Protagonist*innen wesentlich freier und chaotischer ein. Die Hirten laufen hin, so schnell sie können (Lk 2,16). Da geht es beim Platzfinden um Neugierde und Faszination für das, was sich da in dieser Krippe ereignet hat. Es geht darum, dass alle den Platz finden und einnehmen können, der der eigenen Rolle, der eigenen Sehnsucht und Beziehung zu Gott im Kind entspricht. Es geht also nicht darum zu zeigen, wer aufgrund seines Geschlechts oder seines Amtes den vermeintlich besten Platz beanspruchen sollte. Weihnachten hat deshalb das Potenzial, auch die Platzfrage bzw. die teils expliziten, teils subtilen Platzzuweisungen im System Kirche zu hinterfragen, indem sich in der Weihnachtsgeschichte andeutet: Da ist für alle ein Platz und welcher das ist – dies zeigt sich auch mit Blick auf den Geburtsort Jesu –, entscheidet sich nicht in erster Linie an systemüblichen hierarchischen Strukturen und Gepflogenheiten.

Alle haben ihren Wert, ihre Würde und ihren Platz bei diesem Kind, das für uns Gläubige die Liebe ist. Gottes Liebe im Menschen. An diesem Weihnachtsfest können wir wieder versuchen, diese Liebe und diesen Wert in uns zu entdecken. Die Liebe Gottes ist in mir, einer Frau, und genau gleich in einem geweihten Mann und jedem anderen Menschen zu finden. Das Entscheidende ist, dass wir mit dieser Liebe und unserem Wert im Herzen entsprechend handeln, ohne patriarchale und hierarchische Grenzen, die uns einengen, sondern in der Freiheit, die Liebe anzunehmen. Und es so wie Josef zu tun: anders als von der Gesellschaft erwartet und doch nur aus Liebe. So kann sich auch ein Gesamtsystem Kirche verändern, das den Wert und die Würde des Einzelnen sieht, und deshalb niemanden aufgrund von Cis-Männern bevorzugenden

Strukturen ausschließt. An dieser Stelle erhoffe und erwarte ich nicht nur die entsprechenden Änderungen im institutionellen System. Solange diese Veränderungen andauern, kann uns der Maßstab der Liebe leiten, dass subtile Formen der Diskriminierung von allen Christ*innen offen und transparent angesprochen werden müssen. So werden wir systemverändernd wirken.

Auch ich werde mich entwickeln und den Platz im System Kirche suchen, der meiner menschlichen Würde und damit dem Wert entspricht, der allen Menschen in gleicher Weise und unabhängig von ihrem Geschlecht oder ihrem Amt zugeschrieben wird. Deshalb möchte ich mir die Sehnsucht und Faszination bewahren, die ich in meiner Berufung gespürt habe und in meinem Glauben an Gott lebe. Dazu brauche ich in der Folge nicht die einengenden und Männer bevorzugenden Strukturen einer Institution Kirche. Die stürmischen Hirten und ihr Ankommen an der Krippe und ihre chaotische Platzwahl bestärken mich darin. Wer sagt denn, dass (m)ein Platz als weibliche Theologin nur im Inneren des Kirchensystems zu finden ist?

Vater, Mutter und das Kind in der Krippe

Veronika Gräwe

Othering und Exklusion durch normative Familienvorstellungen

Weihnachten, das ist Vater, Mutter und das Kind in der Krippe. Weihnachten, das ist Vater, Mutter, Kinder unterm Weihnachtsbaum. Weihnachten, das ist Heteronormativität und Paarnormativität und Familie.

Als Person, die weder ihre eigene Zukunftsvision von Familie im Bild der heteronormativen Familie imaginiert, noch als Careleaverin[1] ohne Weiteres an weihnachtliches Zur-Familie-Fahren und an Predigten über die heilige Familie anknüpfen kann, geht dieses Vater-Mutter-und-das-Kind-in-der-Krippe für mich immer auch mit der Erfahrung von Othering und Exklusion einher. Meine Lebensrealität kommt nicht vor, wenn anlässlich des Festes der Heiligen Familie über Vater und Mutter gepredigt wird, ohne mitzudenken, dass es für manche Menschen vielleicht gerade nicht die Herkunftsfamilie, sondern Erzieher*innen und Sozialarbeiter*innen waren, die sie positiv geprägt haben. Ich bin müde von dem Mitleid, das mir begegnet, wenn ich erzähle, dass ich Weihnachten mit Freund*innen plane. Und ich habe mich sehr gefreut, als ich letztes Jahr zum Weihnachtsfest eine Darstellung eines lesbischen Ehepaares mit ihrem Kind in der Krippe fand. Im Folgenden möchte ich daher einen Blick auf diese Erfahrungen von Othering und Exklusion werfen und danach fragen, was es braucht, damit Weihnachten ohne Otherings- und Exklusionserfahrungen auch jenseits der hetero- und paarnormativen Familie und für Menschen, um deren Krippe symbolisch gesprochen keine Elternteile stehen, stattfinden kann.

In vielen Krippendarstellungen und in der weihnachtlichen Idylle der Familie unterm Weihnachtsbaum zeigt sich exemplarisch, welches Familienbild auch sonst gesamtgesellschaftlich und im Besonderen in katholischen Kontexten normativ gesetzt wird. Eine Normativsetzung bestimmter Familienformen, die für jene zum Problem wird, die ihre Kinder anders als mit Vater und Mutter großziehen, aber auch für jene, um die nicht oder nicht nur Eltern, sondern Erzieher*innen, Sozialarbeiter*innen, Pflegeeltern oder andere professionell Tätige stehen, während sie in der „Krippe“ liegen.

Die kleinbürgerliche Familie im Stall von Bethlehem?!

Wenn es um die Frage geht, was eine Familie ist, wird auch heute noch häufig auf die bürgerliche Kernfamilie der Industriegesellschaften rekurriert. Dabei wird ausgeblendet, dass es sich dabei keinesfalls um eine zu allen Zeiten und an allen Orten übliche Familienform handelt.[2] In diesem Kontext wird Elternschaft häufig nicht in natale, genetische, rechtliche oder soziale Elternschaft ausdifferenziert, vielmehr fallen diese unterschiedlichen Formen von Elternschaft in der heterosexuellen Kernfamilie in der Regel in eins.[3] Forscher*innen sprechen von Paar- und Heteronormativität, wenn Konstellationen normativ gesetzt werden, die aus zwei gegengeschlechtlichen Personen bestehen, wobei Geschlechtlichkeit jenseits eines binären Geschlechtersystems nicht denkbar ist.[4] Familien, die von der heterosexuellen Kernfamilie abweichen, sind damit häufig angefragt, ihr Familiensein zu beweisen (*displaying family*). Dies zeigt sich etwa im Verfahren der Stiefkindadoption, wie es aktuell noch für Kinder, die beispielsweise in lesbische Ehen hineingeboren werden, gilt und bei dem die adoptierende Ehepartnerin erst ihr Geeignetsein als Elternteil beweisen muss. Dieses Verfahren führt dazu, dass diese Kinder häufig zunächst nicht über beide Elternteile rechtlich abgesichert sind.[5] Familien, die keine heterosexuellen Kernfamilien sind, werden in der Regel als die anderen gekennzeichnet und sind damit Othering-Prozessen ausgesetzt, in denen sie als von der heterosexuellen Kernfamilie abweichend und als von ihr besonders oder auch als ihr gegenüber defizitär markiert werden.[6]

Das Konzept des Otherings kommt aus der postkolonialen Theorie. Es beschreibt die Konstruktion von Personen oder Personengruppen als anders durch Personen, die sich gegenüber ersteren in einer machtvolleren Position befinden. Im Zuge des Otherings werden diese weniger privilegierten Personen oder Personengruppen stereotypisiert, pathologisiert, essentialisiert oder mit negativen, defizitären Attributen versehen. Othering kann mit unterschiedlichen Unterdrückungssystemen wie beispielsweise Klassismus, Rassismus und Sexismus verschränkt sein und die Funktion erfüllen, die Überlegenheit dominanter Gruppen zu legitimieren.[7]

Normen und Machtverhältnisse beeinflussen, wie Personen im Alltag Familie herstellen (*doing family*) oder wie Reproduktion stattfindet, und sind damit auch Gegenstand ethischer Fragestellungen und Diskurse.[8] Theologie, aber auch kirchliche Praxis könnten diese Diskurse bereichern, indem sie eine Haltung einnehmen, die Normativität, Machtverhältnisse, Machtmissbrauch, Exklusion und Othering thematisiert. Dass die katholische

Kirche gerade in ihrer amtskirchlichen Gestalt zu diesem Diskurs noch nicht fähig ist, zeigt sich exemplarisch an der Ignoranz katholischer Amtsträger anlässlich von *#PaulaHatZweiMamas*. Unter diesem Hashtag solidarisierten sich unzählige Menschen mit einem lesbischen Ehepaar, das auf die Anerkennung der gemeinsamen Elternschaft für die gemeinsame Tochter klagte.[9] Im Schweigen der Institution, die sich sonst gerne als Unterstützerin von Familien präsentiert, zeigt sich, welchen Familienkonstellationen Unterstützung und Solidarität gilt und welchen nicht. Wessen Anliegen rezipiert werden und wessen Anliegen eine Rezeption verwehrt wird. Letztlich, wessen *doing family* normativ gesetzt wird und wessen *doing family* und *displaying family* die Anerkennung verweigert wird.

Dabei ist das, was Menschen unter Familie verstehen, vielfältig und muss auch jenseits der heteronormativen Kernfamilie nicht zwangsläufig über natale, genetische oder rechtliche Bande definiert sein. Das Konzept der *chosen family* etwa beschreibt zumeist eine gewählte Familie beispielsweise aus Freund*innen und anderen nahen Bezugspersonen, mit denen keine sogenannte biolegale Verwandtschaft besteht, die aber füreinander Unterstützung und Sorgearbeit leisten.[10] Forschende unterscheiden auch zwischen funktionalen und strukturellen Definitionen von Familie. Während funktionale Definitionen Qualitäten einer Konstellation wie beispielsweise Sorgearbeit, Verbindlichkeit oder Liebe benennen, definieren strukturelle Definitionen Familie über Strukturen wie etwa die Struktur der heterosexuellen Kernfamilie.[11]

Gerade funktionale Definitionen von Familie wie auch das Konzept der *chosen familiy* wären theologisch aber durchaus anschlussfähig, nicht zuletzt im Blick auf Markus

3,33–35: „Er antwortete ihnen und sagte: ‚Wer ist meine Mutter? Wer sind meine Geschwister?' Er schaute sich um, sah sie im Kreis um ihn herum sitzen und sprach: ‚Ihr seid meine Mutter und meine Geschwister. Alle, die den Willen Gottes tun, sind mein Bruder, meine Schwester und Mutter.'"[12] Es lässt sich fragen, ob sich hier in die Worte Jesu auch ein Verständnis von Familie über die Funktion („den Willen Gottes tun") und jenseits von natalen und genetischen Bande lesen lässt. Und wo ein Josef ein Kind annimmt, das nicht seines ist, ließe sich durchaus über eine Ausdifferenzierung verschiedener Formen von Elternschaft sowie über Co-Parenting-Konzepte sprechen. Denn ist nicht gerade die heilige Familie keine Vater-Mutter-Kind-Familie, sondern eine Familie mit einer Mutter und einer Konstellation aus zwei Vätern? Ideal- und Normvorstellungen, die durch das Fest der Heiligen Familie historisch transportiert wurden oder auch noch transportiert werden, zu dekonstruieren erscheint mir sinnvoll, nicht zuletzt auch wo diese Ideal- und Normvorstellungen mit bestimmten Rollenzuschreibungen einhergehen. Denn gerade das Interpretationspotential der biblischen Texte zeigt, katholische Kontexte hätten das Potenzial, mit Blick auf Familienformen Hetero- und Paarnormativität nicht zu reproduzieren und gesellschaftlichen Otherings- und Exklusionsprozessen etwas entgegenzusetzen.

Ein angehender Careleaver in der Krippe …

Was wäre aber, wenn um die Krippe des Kindes nicht eine wie auch immer aussehende heterosexuelle oder queere Elternkonstellation stehen würde, sondern in der Krippe ein angehender Careleaver liegen würde?

In meinem christlichen Umfeld gibt es Menschen, die mit Jugendlichen arbeiten, die außerhalb ihrer Herkunftsfamilie aufwachsen, es gibt Menschen, die selbst auch aus einer christlichen Motivation heraus Pflegeeltern sind, und Menschen, die für Kinder in Jugendhilfeeinrichtungen häufig in sogenannten Kinderheimen im globalen Süden sammeln. In meinem katholischen Umfeld gibt es jedoch kaum Menschen, die die Erfahrung, einen Teil der Kindheit und/oder Jugend außerhalb der Herkunftsfamilie in der stationären Jugendhilfe gelebt zu haben, teilen. Menschen, die außerhalb ihrer Herkunftsfamilie aufwachsen, werden als Adressat*innen caritativen Engagements gedacht, aber selten als Menschen, die selbstverständlich auch als Subjekte und nicht nur als Objekte in katholischen Kontexten unterwegs sind.[13] Vermeintliche Small-Talk-Fragen zur Familie oder zum Aufwachsen werden damit schnell zu Othering-Erfahrungen.

Hinzu kommt, dass Carereceiver in der stationären Jugendhilfe sehr unterschiedliche Erfahrungen machen, zu denen auch durch Mitarbeitende in der Jugendhilfe ausgeübte Gewalt gehören kann – ein Missstand, der keinesfalls der Vergangenheit angehört, sich mit Einzelfällen wegerklären ließe oder gar vor konfessionellen Einrichtungen Halt machen würde.[14] Dabei stünde es gerade auch aus einer christlichen Perspektive an, offenkundig machtmissbrauchenden und gewalttätigen Strukturen eine Absage zu erteilen sowie machtmissbrauchende Strukturen zu hinterfragen, wo diese dem Status quo entsprechen und legitimiert werden, etwa indem Betroffene als schwererziehbar oder neuerdings als Systemsprenger*innen gelabelt werden, oder Gewalt selbst als therapeutisches Mittel deklariert wird.[15] Wenn ich auf die Krippe schaue, frage ich mich, was wäre, wenn um das Jesuskind nicht Vater und Mutter, Josef und Maria stünden, sondern Erzieher*innen, Kinder- und Jugendpsychiater*innen, Sozialarbeiter*innen und Jugendamtsmitarbeitende? Würde der Leidensweg Jesu dann bereits wesentlich früher beginnen, willkürlich liebevollen oder gewalttätigen Mitarbeitenden in der Jugendhilfe ausgeliefert? Würde der junge Jesus – bereits mit zwölf Jahren für mehrere Tage abgängig – als schwererziehbar oder Systemsprenger gelabelt werden? Welche Gewalt ihm gegenüber würde mit diesen Begriffen legitimiert werden – auch in einem caritativen Kontext?

Weihnachten kann erst werden, wenn ...

Weihnachten kann werden, wenn wir die Heilige Familie nicht mehr ausschließlich hetero- und paarnormativ lesen. Weihnachten kann werden, wenn wir die vielfältigen Anknüpfungs- und Interpretationspotentiale der biblischen Familie als Anknüpfungspunkte für unsere diversen Formen von Familiesein, Beziehungen-Leben und Aufwachsen lesen. Wenn wir uns die Freiheit nehmen, uns von der Weihnachtsgeschichte das zu nehmen, was uns auch im Angesicht von Machtmissbrauch und othernden und exkludierenden Normen empowert – wie uns dies beispielsweise kontextuelle Ansätze in der Bibelexegese[16] aufzeigen. Was sagt uns das Kind in der Krippe damit heute für Co-Parenting-Konstellationen oder für verschiedene Formen von Elternschaft? Was sagt uns die Heilige Familie für Konzepte, die Familie als *chosen family* oder nicht von ihrer Struktur, sondern von ihrer Funktion, etwa ein liebevoller Ort zu sein, denken? Was sagt uns die Geschichte, wenn wir das Jesuskind nicht ausschließlich als in reinlichen Windeln, sondern auch als prekär geboren und dann als zwölfjährigen abgängigen Heranwachsenden lesen? Was sagt uns die Weihnachtserzählung, wenn wir Josef als den Pflegevater lesen, der das Kind annimmt? Und wo Jesus sich selbst mit zwölf Jahren zumindest zeitweise einen anderen Aufenthaltsort sucht, scheint das Kind hier selbst ein Gespür dafür zu haben, wo es in diesem Moment hingehört, auch wenn dies die Erwachsenen nicht nachvollziehen können. Welche Impulse können vielleicht von dieser Erzählung für den Umgang mit abgängigen Kindern und Jugendlichen ausgehen? Warum nicht die Erzählung des zwölfjährigen Jesus im Tempel als Anknüpfungspunkt nehmen, um über die ambivalenten Zugehörigkeitsgefühle zu sprechen, die Pflegekinder und Kinder in Einrichtungen empfinden können, wenn sie sich sowohl zu ihrer Herkunftsfamilie als auch zu ihren neuen Bezugspersonen zugehörig fühlen? Warum nicht die biblischen Erzählungen der heiligen Familie dahingehend befragen, wie sie uns helfen können, auch andere Formen des Familieseins und Aufwachsens zu normalisieren?

Weihnachten kann erst werden, wenn wir das Potenzial der Heiligen Familie als liebevollen Ort jenseits der Norm, vielleicht sogar jenseits eines Familieseins ausschöpfen, auch angesichts der Vielfältigkeit von Erfahrungen und angesichts von Machtmissbrauch. Weihnachten kann erst werden, wenn wir dieses Potenzial nutzen, machtmissbrauchende und gewaltbedingende, exkludierende und othernde Normen und Strukturen zu hinterfragen.

Anmerkungen

[1] Der aus dem Englischen kommende Begriff Careleaver bezeichnet Menschen, die ihre Kindheit und Jugend oder einen Teil dieser in der stationären Jugendhilfe, wozu etwa Wohngruppen oder Pflegefamilien zählen, verbracht haben. Anders als der Begriff Heimkind ist der Begriff Careleaver nicht stigmatisierend. Vgl. *A.-S. Brinkmann/C. Kirchhoff*, Zwischenbericht zum Lehrforschungsprojekt „Ich bin dann mal weg! – Aber wohin?“: Lebenslagen von Careleavern nach Verlassen der stationären Jugendhilfe – Eine vergleichende Analyse zu zwei Zeitpunkten, https://www.careleaver.de/wp-content/uploads/2021/10/Zwischenbericht_Lebenslagen-von-Careleavern-nach-Verlassen-der-stationaeren-Jugendhilfe-A.-Brinkmann-C.-Kirchhoff-Finale-Version-16.09.21.pdf (Zugriff: 28. April 2022), 2. Für junge Menschen, die noch in der stationären Jugendhilfe leben, kann analog der Begriff Carereceiver verwendet werden. So verwendet etwa hier: *K. Teuber*, Rückblick auf Transferdialog: Rechte von Careleaver*innen verwirklichen!, https://www.jugendhilfeportal.de/hze/artikel/rechte-von-careleaverinnen-verwirklichen/ (Zugriff: 2. Mai 2022).

[2] Vgl. *J. Teschlade/A. Peukert/C. Wimbauer/M. Motakef/E. Holzleithner*, Einleitung, in: A. Peukert/J. Teschlade/C. Wimbauer/M. Motakef/E. Holzleithner (Hrsg.), Elternschaft und Familie jenseits von Heteronormativität und Zweigeschlechtlichkeit, Opladen 2020, 9–27, 10.

[3] Vgl. ebd., 9.

[4] Vgl. ebd., 11f.

[5] Vgl. *K. Mangold/J. Schröder*, „Ganz normal und doch immer besonders“ – Kategorisierungsarbeit queerer Familien, in: A. Peukert/J. Teschlade/C. Wimbauer/M. Motakef/E. Holzleithner (Hrsg.), Elternschaft (s. Anm. 2), 124–140, u. a. 124–131, 136.

[6] Vgl. ebd., 125f., 133, 137. Vgl. *J. Teschlade/A. Peukert/C. Wimbauer/M. Motakef/E. Holzleithner*, Einleitung (s. Anm. 2), 9.

[7] Vgl. *S. Q. Jensen*, Othering, identity formation and agency, in: Qualitative Studies 2 (2011), 63–78, 63–66.

[8] Vgl. *J. Teschlade/A. Peukert/C. Wimbauer/M. Motakef/E. Holzleithner*, Einleitung (s. Anm. 2), 11–13.

[9] Vgl. *LSVD Berlin*, Hashtag-Aktion „PaulaHatZweiMamas“: Nächster Gerichtstermin am 01.04.2021, https://berlin.lsvd.de/

neuigkeiten/hashtag-aktion-paulahatzweimamas/ (Zugriff: 2. Mai 2022).

[10] Vgl. *K. E. Hull/T. A. Ortyl*, Conventional and Cutting-Edge: Definitions of Family in LGBT Communities, in: Sexuality Research and Social Policy 16 (2019), 31–43, 31f., 38, 40.

[11] Vgl. ebd., 33.

[12] *U. Bail/F. Crüsemann/M. Crüsemann* (Hrsg.), Bibel in gerechter Sprache, Gütersloh 2020.

[13] Vgl. zu ähnlichen Aspekten in Bezug auf Menschen mit Behinderung den Beitrag von *J. Rath* „Nichts ohne uns über uns! Ein Manifest zur Inklusion in der Katholischen Kirche" in diesem Band.

[14] Vgl. *A.-S. Brinkmann/C. Kirchhoff*, Zwischenbericht (s. Anm. 1), 43; *F. Lorenz*, Der Vollzug des Schweigens. Dissertation, Wiesbaden 2019, 60.

[15] Vgl. zur Kritik von Maßnahmen wie etwa der geschlossenen Unterbringung in der Jugendhilfe das Aktionsbündnis gegen Geschlossene Unterbringung https://www.geschlossene-unterbringung.de/ (Zugriff: 05.05.2022). Vgl. zur Legitimierung von Gewalt gegen Carereceiver mit Verweis auf den damaligen Status quo und das Label „schwererziehbar" die Rechtfertigungsdiskurse um den ehemaligen Augsburger Bischof Mixa https://www.spiegel.de/panorama/justiz/klage-ueber-ruecktrittsdruck-walter-mixa-keilt-gegen-deutsche-bischoefe-a-700949.html (Zugriff: 05.05.2022). Vgl. zu der Verschleierung von Gewalt als therapeutisch *F. Lorenz*, Der Vollzug des Schweigens (s. Anm. 14).

[16] Vgl. *M. A. Oduyoye*, Biblical Interpretation and the Social Location of the Interpreter: African Women's Reading of the Bible, in: F. F. Segovia (Hrsg.), Reading from this place: Papers originally presented at conferences on social location and biblical interpretation and on globalization and theological education, the first held at Vanderbilt University, 2: Social location and biblical interpretation in global perspective, Jan. 21–24, 1993, Minneapolis 1995, 33–51. Vgl. *D. Patte*, Acknowledging the Contextual Character of Male, European-American Critical Exegeses: An Androcritical Perspective, in: F. F. Segovia (Hrsg.), Reading from this place: Papers originally presented at conferences on social location and biblical interpretation and on globalization and theological education, the first held at Vanderbilt University, Jan. 21–24, 1993, 1:

Social location and biblical interpretation in the United States, Minneapolis 1995, 35–55.

Das Neue beginnt im Kleinen. Weihnachten und das Warten auf kirchliche Innovation

Maria Herrmann

Im Weihnachtsladen

Während meines Studiums arbeitete ich in einem Weihnachtsladen einer mittelfränkischen Kleinstadt. An den Wochenenden und in den Ferien – das ganze Jahr über. Die Adventswochenenden mit den Zwölf-Stunden-Schichten waren am härtesten: Stehen, ohne etwas zu tun zu haben. Die Menschenschlangen beobachten, die vorbeiziehen. Aufpassen, dass nichts geklaut wird. In Landhausmode ein Fotomotiv darstellen. Dazwischen Ware nachfüllen. Und natürlich: froh und munter sein.

Montagmorgens musste ich dann mit einem Rolf Zuckowski-Ohrwurm in den Hörsaal. Doch die „Weihnachtsbäckerei" wollte sich nicht so recht vertragen mit der neueren Kirchengeschichte. Oft drückte ich beim Wecker auf den Knopf – und den Kopf wieder ins Kissen. Noch etwas Glitzerstaub der Dekoration im Haar.

Advent und Weihnachten funktioniert bei mir seither nicht mehr. Oder nur schwer. Vor allem nur in kleinen Dosen, ohne Kitsch und ohne Müssen. Weihnachten bringt mich aber auch in meinem Theologin-Dasein an meine Grenzen. Nicht nur während des Studiums, sondern nun noch lange danach. Genug habe ich von den Phrasen, den Liedern und vom Kommerz, der mir doch mein Studium finanziert hat. Ein Widerspruch, wie ihn nur das Leben hergibt. Dazu fehlen mir die Worte, die mich das theologische Paradoxon beschreiben lassen könnten: das Größte im Kleinsten. Vielleicht muss man dafür selbst Mutter, Vater, Elter sein – und das bin ich nicht. Vielleicht gibt es doch so etwas wie Ostertheolog*innen und Weihnachtstheolog*innen, und man muss sich irgendwie entscheiden, zu wem man gehört. Und ich bin einfach eine Ostertheologin. Weihnachten kann mir ein Rätsel und dazu noch gestohlen bleiben – und meine Krippe leer. Dass ich noch dazu derzeit für eine Organisation in Sachen Innovation arbeite, die das Fest der unschuldigen Kinder (und Frauen und anderer vulnerabler Personen) ausschließlich für sich selbst erfunden zu haben scheint, macht mein Verhältnis zu Weihnachten nicht einfacher. Und, wenn ich ehrlich bin, das eigene Engagement bisweilen nicht mehr trag- oder wenigstens vermittelbar.

Gott in klein

Immer wieder finde ich mich in Gesprächsrunden über Veränderung und Aufbrüche der Kirche. Ein Ringen um Veränderung und Innovationen – und auch um Gründungen, wenn man so will. Kirche an neuen Orten und in neuen Kontexten. Mit neuen Menschen. Nicht oft, aber manchmal, wenn Zeit dafür ist und die Scheinriesen und grauen Herren ihre Bühne verlassen haben, werden diese Gespräche zu tiefem theologischem Nachdenken: Wie lässt sich in so einem Zusammenhang eigentlich Gott denken – als Gott der Veränderung, des Aufbruchs, der Gründung, der Innovation? Gott der Kreativität? Gott der Schöpfung? Gott des Wandels? Woran lässt Gott sich da erkennen? Und wie lässt Gott sich denken, in einer Zeit wie dieser? Und in einer Kirche, die so von der Dunkelheit erfasst ist? Gott, die mit einer durch die Wüste zieht im Feuer und in den Wolken? Einer, der aus Wasser Wein macht und die Party rettet? Einer, der mit etwas Brot und ein paar Fischen Tausende, oder wenigstens die übrig gebliebenen Dutzend, satt bekommt? Eine*r, die*der Tote weckt? Einer, der immer mit den richtig falschen Menschen feiert?

Ganz langsam, aber immer deutlicher hatte ich Gott anders vor Augen: Ist es nicht erst mal ein kleiner Gott?

Irgendwann war da Gott, die einen ersten, zaghaften Schritt macht. Gott der kleinen Anfänge. Mit Banalem Welten verändernd. Heimlich, still und leise. Mit Alltäglichem, das alles auf den Kopf stellt. Gott der Details. Gott, die*der entgegenkommt. Und vielleicht erst einmal gar nicht erkannt werden will. – Viele der Aufbrüche der Kirche, die ich beobachten und manchmal sogar begleiten darf, sind „Kleinigkeiten". Manchmal dazu Details eines größeren Prozesses. Sie sind klein in ihrem Wesen, aber groß in ihrer möglichen Wirkung. Nicht nur, weil man ihre Geschichte erzählen kann und sie damit viel bewirken. Sondern weil sie Zeugenschaft ablegen für Gott, die auch klein kann: Viele der Aufbrüche nehmen Teil am und sind Details im Leben von Menschen. Setzen an den Krippen des Alltags an und verändern damit Welten. Indem sie Einsamkeit begegnen. Hunger, Isolation, Gebrochenheit, Unruhe und Ungerechtigkeit. Indem sie einer Sehnsucht nach Heiligkeit und Heilsein Raum und Zeit geben. Und indem sie dem Dreck und Dunkel dieser Welt – und auch dieser Kirche – trotzen. Zeichen der Hoffnung mitten im Stall des Alltags sind. An so ein Weihnachten kann ich beginnen zu glauben.

Vor Weihnachten hat Gregor der Große das Warten gestellt. Jedenfalls das vierwöchige. Und man könnte den Eindruck bekommen, dass man mindestens seit dieser Zeit auch auf das Ankommen des Neuen in der Kirche wartet. Wie ein ewiger Advent. Aber auf was wartet man da genau? Und wie lange noch?

Neues beginnt immer und überall im Kleinen – das ist im Leben so, aber auch in der Kunst und der Gesellschaft, in der Wirtschaft und letztlich auch in der Kirche. Zukunfts- und Innovationsforschung unterstreichen das. Der Autor und Journalist Gal Beckerman belegt zum Beispiel eindrücklich in seinem Buch „The Quiet Before“[1], wie lange es dauert, bis sich radikale Ideen und Veränderung durchsetzen, und woran sie scheitern. Wie lange das Neue klein und unerkannt bleibt – Jahre, Jahrzehnte, Jahrhunderte. Wie lange es still ist. Wie viel unerkannte Arbeit im Hintergrund gemacht werden muss. Wie wichtig für Veränderung geschützte Räume, Diskurse und der Austausch in Peergroups sind. Und welche Rolle Medien und Kommunikation für die Verbreitung neuer Ideen haben. Er untersucht dabei Bewegungen der Dekolonialisierung und des Feminismus, #blacklivesmatter, #metoo und den Arabischen Frühling. – Nicht nur er zeigt: Das Neue beginnt immer im Kleinen. Im Unerkanntsein. Und in der Stille. Nicht selten dort, wo es eigentlich keinen Platz hat.

In dieser fast banalen Erkenntnis steckt allerdings auch diese: Das Neue ist in doppelter Weise auf Machtsensibilität verwiesen.

Erstens im Widerstand. Das Neue entsteht im Kleinen, weil es eine wichtige Wurzel in der Unzufriedenheit hat. In einem Widerspruch zum Status quo, zur Ungerechtigkeit, zum Leid. Mit einer Vision oder wenigstens Ahnung davon, dass etwas anders sein oder werden kann. Oder mindestens mit der Sicherheit, dass es so nicht mehr weitergeht. Mit einem „Erwarten" – keinem passiven, sondern einem aktiven Auf-etwas-hin-und-zu-Warten.

Auch die Herodianer*innen unserer Zeit, ob in Kirche oder Gesellschaft, spüren früh, wenn ihre Stellung und Position, ihre Deutung der Dinge und ihr Machtanspruch gefährdet werden könnte. Wenn sich Widerstand und Widerspruch zeigt. Wenn Wirkung und Autorität entstehen, die nicht in ihrem Sinne sind. Es gibt keine größere Provokation für diese sterbende Form der Kirche als etwas Kleines, das Hoffnung macht. Weil dies zeigt, dass es anders weitergehen kann. Ein Gottesdienst, der von hoher Qualität und Relevanz ist, neue Menschen und ihre Gaben einbezieht und möglicherweise den Beteiligten und Verantwortlichen sogar Spaß macht. Aber für den plötzlich kein Platz mehr in einem Kirchengebäude und kein Termin mehr im Kalender frei ist. Für den es angeblich keinen Ort im Kirchenrecht gibt. Eine wachsende Community von Suchenden, die sich um eine Seelsorgerin schart, deren Stelle unkommentiert nicht verlängert wird. Ein Dialogprozess, dessen unbequeme Dokumente in einer Schublade verschwinden. Und so wartet man auf kirchliche Leitungen, die das Unerwartete und Ungeplante, vielleicht auch das Unsteuerbare willkommen heißen, es anerkennen und einbeziehen. An diese Krippen ziehen, und die eigene Angst vergessen.

Zur Machtsensibilität im Hinblick auf das Neue gehört auch, dass es Ermächtigungsstrategien aufruft, die vorgeben, Veränderung zu wollen oder gar zu „ermöglichen". Eine Ermöglichung zur Verhinderung des Neuen und Kleinen kann sein, Sterndeuter*innen zu schicken.[2]

Es zu umarmen – und damit unwirksam zu machen. Neues, auch das Kleine, wird verhindert, wenn besonders innovative Mitarbeitende Jobs jenseits ihres Charismas bekommen, damit sie beschäftigt und stillgehalten werden. Wenn neue Formen kirchlichen Lebens in Begleitstrukturen eingebettet werden, die Entwicklung kontrollieren oder gar verhindern. Dabei bitte in der Evaluation des Förderprogramms keine falschen Erkenntnisse liefern. Wenn Verantwortliche von Innovationen und Aufbrüchen auf Bühnen geschickt werden und dort als Prophet*innen in fremden Ländern vom eigenen gelobten Land erzählen sollen. Wenn junge Kolleg*innen noch während ihrer Ausbildung gut abgesteckte Freiräume bekommen, in denen sie weniger begleitet, als vielmehr kontrolliert, weniger frei-, als unter Druck gesetzt werden. Wenn die Dynamik der Veränderung auf denen abgeladen wird, die nicht für das Ganze, aber für die kleinen Neuanfänge zuständig sind. Man wartet auf kirchliche Innovationen so lange, bis kirchliche Leitungen wenigstens in ihrer Abwehrreaktion die eigenen kognitiven Verzerrungen zu reflektieren beginnen. Und auf einem anderen Weg nach Hause ziehen.

Mehr noch aber muss das Neue *zweitens* für sich selbst eine Machtsensibilität mitbringen: Neues darf sich nach dem, was war und ist in der Kirche, im Prozess der Entstehung und Etablierung nicht in einer Weise entwickeln, die destruktive Machtstrukturen ausbaut oder bekannte Fehler wiederholt. Nur weil etwas dem Augenschein innovativ daherkommt, können dennoch Fundamentalismen, Machtmissbrauch und Intransparenz weiter gelten. Nur weil etwas Aufbruch verspricht, können nicht mühsam entwickelte Standards über Bord geworfen werden. Nur weil etwas Hoffnung vermittelt, kann man bei den Details nicht wegsehen: Präventionsarbeit, Partizipation und konstruktive Leitungsformen, Gerechtigkeit und Antirassismus, Transparenz und Rechtssicherheit sind nicht nur entscheidende Faktoren in sich stark verändernden, bis jetzt bestehenden kirchlichen Systemen. All dies und noch viel mehr ist auch der Anspruch, der neue Formen kirchlichen Lebens von klein auf betrifft. Damit nach dem Warten keine weiteren bösen Überraschungen auftauchen.

In all diesen Zusammenhängen ist es unbedingt geboten, über die Gottesbilder nachzudenken, die sich in den Dingen finden lassen, die für kirchliche Innovationen leitend sind. Gottesbilder, die dem Kleinen und Neuen gerecht werden. Und genau deshalb ist eine (neue) Weihnachtstheologie so wichtig. Aber vielleicht ist es noch wichtiger, einfach einmal selbst wieder mit etwas Kleinem „loszuwarten". Mitten in den Kleinigkeiten des Alltags. Mit zwei, drei anderen. Damit der ewige Advent endlich aufhört.

Vor einiger Zeit war ich einmal wieder in der mittelfränkischen Kleinstadt. Es war ein schöner Frühsommertag, und mit einem Eis in der Hand spazierte ich zwischen den Tourist*innen aus aller Welt durch die kleinen Straßen. In einigen Läden der Stadt war natürlich immer noch und zugleich schon wieder Weihnachten. Ich strandete irgendwann auch vor meiner alten Wirkungsstätte. Aus dem Geschäft waren die vertrauten Klänge zu hören, „die Jahresuhr steht (wohl wirklich) niemals still". So ging ich hinein, und es war anders geworden.

Anmerkungen

[1] *G. Beckerman*, The Quiet Before, New York 2022.

[2] Eine zunächst negative Konnotation der Sterndeuter*innen ist durchaus biblisch: Herodes schickt sie nach Mt 2,7f., um angesichts der Geburt Jesu die Kontrolle nicht zu verlieren. Sie lassen sich jedoch nach einem Traum nicht weiter benutzen und gehen „auf einem anderen Weg“ (Mt 2,12) nach Hause.

Das Kind in der Krippe: Maßstab für eine freiheitsachtsame Kirche

Max Holzer

Ich finde Weihnachten wunderbar. Die Geschichte der Menschwerdung Gott⁺es erzählt so viel davon, wie ich Gott⁺ und die Welt begreife. Mit Weihnachten kommt Gott⁺ in die Welt. Gott⁺ kommt in die Welt, um bei den Menschen zu sein. Und zwar als Kind, als echtes menschliches Kind. Mit all dem Stress, der zu so einer Geburt gehört. Und mit aller Schönheit. Das ist das große Versprechen von Weihnachten: Gott⁺ liebt die Menschen in der Welt so, wie sie sind, so sehr, dass Gott⁺ selbst als Mensch kommt. Und schließlich sogar als solcher stirbt. So ist Gott⁺ in der Welt: kindlich, lernend, wahrnehmend, wertschätzend. Liebend.

Wie ist die Kirche in der Welt?

Während meines Theologiestudiums habe ich mich intensiv mit der Frage meiner Berufsperspektive auseinandergesetzt. Diese Auseinandersetzung habe ich in einem Artikel mit dem Titel „Pasti oder Antipasti"[1] beschrieben, der 2017 auf y-nachten.de veröffentlicht wurde.

Kurze Zeit später sprach ich mit einer Person aus der Personalabteilung des Bistums. Das Gespräch fand turnusgemäß statt, ich war Mitglied im Bewerber*innenkreis mit der Option, den Beruf des Pastoralreferenten zu ergreifen. Die Initiative zur Terminvereinbarung ging nicht von mir aus. Wir trafen uns in den Büroräumlichkeiten des erzbischöflichen Generalvikariates.

Die verantwortliche Person hatte den erwähnten Artikel dabei, ausgedruckt und mit gelbem Textmarker bearbeitet. Es war ihr ein Anliegen, mir eine Rückmeldung zu dem Geschriebenen zu geben – ich hatte mich recht kritisch in Bezug auf die Strukturen der Ausbildung geäußert, und es gab einige Punkte, die sie persönlich nahm. Alles in allem kein besonders unangenehmes Gespräch. Allerdings fiel unter anderem ein Satz, der ungefähr diesen Inhalt hatte: Als Studierender können Sie schreiben, was Sie wollen. Das „NOCH“ war nicht ausgesprochen, hing für mich aber in Großbuchstaben im Raum.

Noch nicht im kirchlichen Dienst, aber schon mit dem kirchlichen Selbstanspruch konfrontiert, zu definieren, was gesagt werden darf und was nicht. Egal, ob mein Gegenüber das in dem damaligen Gespräch so gemeint hat oder nicht – ich habe es in jedem Fall deutlich gespürt.

„Vielstimmigkeit nicht nur zu ertragen, sondern zu begrüßen ist in der Kirche aber nicht allgemein üblich – vielleicht, weil sie als Bedrohung der Einheit wahrgenommen wird“[2], schreibt die Theologin Annette Jantzen. Das ist beinahe nett formuliert. Der Anspruch, zu definieren, was gesagt werden darf und was nicht, ist eine Machtfrage. Diesen Anspruch setzt Kirche mit gewalttätigen Machtmitteln durch.

Wie ist also Kirche in der Welt?

Da sind leitende Pfarrer, die ihren Mitarbeiter*innen per Dienstanweisung verbieten, in ihrer externen Kommunikation eine Form des Gender-Gap zu nutzen. Da sind bischöfliche Jugendabteilungen, die gegenüber Jugendverbänden andeuten, Gelder zu kürzen, wenn sie beispielsweise eine positive Positionierung zur Anerkennung sexueller und geschlechtlicher Vielfalt innerhalb der Kirche beschließen. Da ist die Glaubenskongregation, die wissenschaftlichen Theolog*innen auf die Finger schaut. Und da bin ich, der ich das Gefühl bekomme, schon als Studierender mit meiner Meinung hinter dem Berg halten zu müssen, um in der Kirche arbeiten zu können. Dieses Gefühl wirkt sich aus.

Als ehrenamtlicher Diözesanvorsitzender der Katholischen jungen Gemeinde (KjG), einem der im Bund der Deutschen Katholischen Jugend (BDKJ) zusammengeschlossenen katholischen Jugendverbände, war ich marginal an der Ausbildung von Gemeinde- und Pastoralassistent*innen und Kaplänen beteiligt: Einmal pro Kurs konnten die Auszubildenden sich dazu entscheiden, einen der katholischen Jugendverbände kennenzulernen.

Zusammen mit einigen Kolleg*innen stellten wir also die KjG, ihre Strukturen, Aktivitäten und Positionen vor. Mir war wichtig, die Unabhängigkeit der Verbandsgruppen zu betonen: Jugendverbände sind in den meisten Fällen Vereine kanonischen Rechts – und gleichzeitig nach § 12 SGB VIII Teil der staatlich zu fördernden Jugendhilfe. Sie haben als Vereine die Möglichkeit, eigene Konten zu führen, Vorstände zu wählen und Beschlüsse zu fassen. Ich begreife diese Unabhängigkeit, die in der Selbstorganisation junger Menschen liegt, als unendlich wertvolle Ressource – gerade für die Kirche. Deutlich in Erinnerung geblieben ist mir die Reaktion von einem der anwesenden Kapläne. Er fragte uns, wie er als leitender Pfarrer eine Jugendgruppe in seiner Pfarrei tolerieren könne, bei der er nicht kontrollieren könne, was diese sage.

Klar, kann man sagen, die Kirche habe schließlich ein legitimes Interesse daran, ihre Einheit zu wahren. Wo (römisch-)katholisch draufstehe, müsse auch katholisch drin sein, und das, was katholisch ist, könne man sich nicht selber basteln. Dies sei eben klar definiert. Und außerdem habe doch jedes ernst zu nehmende Unternehmen eine Kommunikationsstrategie, in der geregelt sei, was gesagt werden darf und was nicht. Aber wo liegt die Grenze? Und was verspielt die Kirche damit?

Im Zentrum scheint die grundsätzliche Frage zu stehen: Was ist eigentlich katholisch – und wer entscheidet das? Was darf gelten, und was nicht?

In dem kleinen Büchlein „Ernstfall Freiheit. Arbeiten an der Schleifung der Bastionen“ (Herder 2018) formuliert der Freiburger Theologe Magnus Striet spannende Gedanken, die zu diesen Fragen passen. Die „freiheitsnormative Moderne“[3], in der wir leben, ist nach Striet vom historischen Bewusstsein geprägt. Das bedeutet: Die Entstehung jeder Erkenntnis lässt sich geschichtlich rekonstruieren. Absolute Wahrheiten, die zu jeder Zeit und überall gelten, gebe es in der freiheitsnormativen Moderne nicht. Alles, was Geltung habe, müsse überzeugende, vernünftige Gründe für seine Geltung vorweisen.[4] Einfach formuliert: Wir wissen darum, dass jede Norm irgendwann entstanden ist. Zum Beispiel die Norm eines binären Geschlechtersystems. Sie ist nicht Teil der Natur und damit nicht unveränderlich. Sondern sie hat sich geschichtlich entwickelt, und diese Entwicklung lässt sich rekonstruieren.[5] Und wenn sie weiter gelten soll, dann muss es gute und vernünftige Gründe dafür geben. Wenn es diese nicht gibt, dann muss sich die geltende Norm verändern. Darum nutze ich den „*“ als Form des Gender-Gap und schreibe von „Gott*“.[6]

Striet überlegt weiter, dass im Kontext der Moderne auch die Identität der Kirche und die sie tragenden Normen – wie alle scheinbar (ewig) geltenden Normen auch – in Frage gestellt werden. Sie werde nicht als überzeitliche, feststehende Identität akzeptiert,[7] sondern sehe sich ebensolchen Prozessen des ständigen Hinterfragens ausgesetzt. Striet unterstellt, dass die Reaktion der Vertreter*innen der Amtskirche, angesichts der eigenen prekären Identität der Moderne Relativismus vorzuwerfen, aus einer großen Verunsicherung resultiere.[8]

Nach Striet ist auch der Begriff, mit dem wir von Gott⁺ sprechen können, immer menschlich normiert und muss sich dementsprechend zusammen mit dem geistesgeschichtlichen System seiner Zeit verändern. Aus vernünftigen Gründen muss in der freiheitsnormativen Moderne also ein Begriff von Gott⁺ gelten, der die Freiheit und damit die Selbstbestimmung und Autonomie des Menschen unbedingt will – eine Freiheit, die in sich selbst gründet, weil sie ansonsten nicht wirklich frei sein kann.[9] Diese Freiheit gibt sich selbst Normen und Gesetze und ist sich gleichzeitig das Höchste, nimmt in ihrem moralischen Urteil also Maß an sich selbst. Infolgedessen kann, göttlich legitimiert, nur ein diskursiv-kommunikatives Vernunftrecht Grundlage der Entscheidungsmacht in Kirche, Staat und Gesellschaft sein.[10] Also: Alles, was gelten soll, auch die Interpretation und Auslegung von Glaubenswahrheiten, muss auf vernünftigen Argumenten gründen und sich im kritischen Diskurs behaupten. Mehr noch: Selbst Glaubenswahrheiten an sich lassen sich als Ergebnisse eines historisch rekonstruierbaren Reflexionsprozesses begreifen. Das bedeutet nicht, dass sie alle automatisch grundlos sind[11] – aber auch für sie gilt dann: „Kirche wird auf allen Ebenen diskursiver werden und in ihrem apostolischen Selbstanspruch erlernen müssen, sich zu korrigieren, wenn Gründe es gebieten."[12]

So konnte Kirche in der Welt sein

Annette Jantzen hat das „In-der-Welt-Sein" der Kirche in ihrem Blogbeitrag wie folgt beschrieben: „Es heißt, in dieser konkreten Welt auf das Reich Gottes zuzugehen, in dieser konkreten Welt gegen Ungerechtigkeit aufzustehen, gerade in den Herausforderungen der jeweiligen Zeit prophetisch und solidarisch zu sein und den Menschen, die um ihre Würde ringen, das Heil zuzusagen und erfahrbar zu machen."[13] Gott⁺es In-der-Welt-sein geschieht als Kind in der Krippe unter Anerkennung und Wahrung dessen, wie die Welt eben ist – mit aller menschlichen Ohnmacht und aller menschlichen Freiheit. Heute, unter dem Vorzeichen einer freiheitsnormativen Moderne bedeutet dies mit Striet gesprochen: Gott⁺es In-der-Welt-Sein geschieht nicht, indem Gott⁺ machtvoll als überzeitlich geltend postulierte Wahrheiten durchsetzt. Ist diese Vorgehensweise also für seine Kirche angemessen?

Zurück zu dem jungen Kaplan: Ich glaube, dass eine KjG-Gruppe, die sich mit der Frage auseinandersetzt, was gelten soll, das Beste ist, was seinem zukünftigen Ich passieren kann. Gerade weil er diesen Prozess nicht kontrollieren kann. Aber er kann mit den jungen Menschen diskutieren. Er kann vernünftige Argumente vorbringen, wenn er anderer Meinung ist. Und wer weiß, vielleicht findet sich ein Kompromiss.

Auch wenn der Patron der Katholischen jungen Gemeinde, Thomas Morus, in seinem wohl bekanntesten Werk „Utopia" die beste aller Staatsverfassungen beschreibt, glaube ich nicht, dass in den katholischen Jugendverbänden alles zum Bestmöglichen steht. Aber ich bin überzeugt davon, dass es in der Jugendverbandsarbeit eine Struktur und eine Kultur gibt, die es ermöglicht, im Sinne eines kommunikativ-diskursiven Vernunftrechts auszuhandeln, was gelten soll. Junge Menschen wählen gleichberechtigt und demokratisch ihre Leitungen, von der Ortsgruppe bis zum Bundesverband. Auch geistliche Verbandsleitungen werden gewählt. Auf ihren Versammlungen diskutieren die Jugendverbände alle Fragen, die sie bewegen. Satzungen und Ordnungen, politische Stellungnahmen und Selbstverpflichtungen, Fragen des Glaubens und des kirchlichen Lebens. Und sie beschließen, was gelten soll. Das geschieht nicht beliebig, sondern wohldurchdacht und im Bewusstsein der Verantwortung für sich und andere. Die Freiheit nimmt Maß an sich selbst.

So sind die katholischen Jugendverbände in der Welt. Genauso könnte Kirche in der Welt sein. Nicht mit überzeitlichen Wahrheiten im Gepäck. Ohne die Überforderung durch die ständig angefragte Identität und die daraus resultierende Verunsicherung. Ohne eine Angst vor der Freiheit, die dazu führt, dass der Geltungsanspruch der eigenen Wahrheiten mit gewalttätigen Machtmitteln durchgesetzt wird. Sondern mit einem liebevollen Blick auf die sich wandelnde Welt. Indem Kirche die Welt wahrnimmt, wie sie ist – wertschätzend und lernend. Wie ein Kind. Wie das Kind in der Krippe.

Anmerkungen

[1] *M. Holzer*, Pasti oder Antipasti, https://y-nachten.de/2017/06/pasti-oder-antipasti/ (Zugriff: 19.05.2022).

[2] *A. Jantzen*, Mehr als Struktur, https://www.feinschwarz.net/mehr-als-struktur-kirchliche-jugendverbaende-jenseits-von-verdaechtigungen/ (Zugriff: 23.03.2022).

[3] *M. Striet*, Ernstfall Freiheit. Arbeiten an der Schleifung der Bastionen, Freiburg i. Br. 2018, 36.

[4] Vgl. ebd., 43, 72.

[5] Allen, die sich auf unterhaltsame, aber doch tiefgründige Weise mit der Entstehung des binären Geschlechtersystems und ihren Folgen auseinandersetzen möchte, empfehle ich die Comicbücher von *L. Strömquist*, Der Ursprung der Welt, Berlin 2017; *L. Strömquist*, Der Ursprung der Liebe, Berlin 2018.

[6] Die Katholische junge Gemeinde hat auf ihrer Bundeskonferenz 2022 beschlossen, mit der Verwendung von Gott⁺ in Schrift und Sprache deutlich zu machen, dass der Gottesbegriff viel diverser ist als einseitig männlich-patriarchale, weiße Gottes⁺bilder. Das „+" unterstreicht, dass es dabei nicht nur um die Frage geschlechtlicher Identität geht.

[7] Vgl. *M. Striet*, Ernstfall Freiheit (s. Anm. 3), 106.

[8] Vgl. ebd., 43.

[9] Die Ideen von Magnus Striet bleiben nicht unwidersprochen. Die Diskussion entzündet sich immer wieder an dieser Frage: Wo liegt der Ursprung der Freiheit? Der Theologe Karl-Heinz Menke ist überzeugt davon, dass der Ursprung der Freiheit in Gott liegt, die göttliche Wahrheit also der Grund der Freiheit ist: „Christen sind überzeugt, dass es nicht nur die präreflexive Verwiesenheit jedes Menschen (Röm 2,14f) auf den Logos des Schöpfers, sondern auch eine Kommunikationsgemeinschaft mit diesem Logos gibt, die – weil apostolisch verfasst – wahrheitsfähig ist". *K.-H. Menke*, Macht die Wahrheit frei oder die Freiheit wahr?, in: Herder Korrespondenz 3/2017, 46–49, 49. Mehrere Beiträge zu diesem Streit sind in den folgenden Ausgaben der Herder Korrespondenz veröffentlicht worden. Das Buch von Menke, auf das Striet mit „Ernstfall Freiheit" antwortet, heißt: *K.-H. Menke*, Macht die Wahrheit frei oder die Freiheit wahr? Eine Streitschrift, Regensburg 2017.

[10] Vgl. *M. Striet*, Ernstfall Freiheit (s. Anm. 3), 50f.
[11] Vgl. ebd., 89.
[12] Ebd., 97.
[13] *A. Jantzen*, Mehr als Struktur (s. Anm. 2).

Im Anfang war kein Wort – Die andauernde Menschwerdung von trans* und inter*

Mara Klein

Inhaltshinweis: Zitation trans und inter* feindlicher Positionen und Sprache, Erwähnung von Suizid (keine Details), Erwähnung von nichtkonsensuellen geschlechtsangleichenden Operationen (keine Details).*

Ich habe einen anderen Artikel[1] bereits begonnen mit: „Im Anfang war kein Wort für mich". Der Satz versucht in der Intertextualität zum Beginn des Johannesevangeliums („Im Anfang war das Wort und das Wort war bei Gott und das Wort war Gott." Joh 1,1) die tiefe Unsicherheit und Ohnmacht auszudrücken, die ich persönlich als nichtbinäre trans Person im Kontext Kirche erfahre, wenn ich versuche, mich selbst zu erklären, wo nur in Mann und Frau gedacht und gesprochen wird. Das Problem beim Reden über Geschlechtervielfalt, die eine Binarität von ausschließlich Mann-Frau überschreitet, beginnt mit mangelnder Sprach- und damit auch Verständnisfähigkeit. Wie kann allgemeinverständlich erklärt werden, was durch die Grenzen unserer Sprache für viele noch nicht denkbar ist? Die Identitätsbezeichnungen von gender-queeren Menschen spiegeln oft dieses Problem: *trans* bedeutet grenzüberschreitend oder auch jenseitig, *inter* dazwischenliegend, *nichtbinär* umspannt ein ebenso weites wie oft noch unsichtbares Feld von Identitäten und Wirklichkeiten außerhalb der engen Grenzen von Mann und Frau. Was bedeuten die hier angedeuteten Grenzen binärer

Denksysteme für die Lebenswirklichkeit von trans* und inter* Menschen in der Katholischen Kirche? Wie durchziehen diese Grenzen auch die kirchliche Vorstellung von Weihnachten und was muss passieren, damit die weihnachtliche Menschwerdung Christi diese Grenzen abbauen kann?

Die Sprache der Macht und die Macht der Sprache

> „Niemals erwähnte irgendjemand in der Kirche einen Menschen, der so war wie ich.“[2]

Durch die oben übernommene Formulierung „Im Anfang“ zu Beginn seines Evangeliums greift Johannes den Schöpfungsbericht in Genesis auf – und damit aus heutiger Perspektive den Dreh- und Angelpunkt der kirchlichen und theologischen Rede von Geschlechtervielfalt, die immer wieder auf Gen 1,27b „Als männlich und weiblich schuf er sie“ zurückkommt. Feministische Exegesen legen diese Stelle mittlerweile so aus, dass „männlich und weiblich“ analog zu den vorangehenden Begriffspaaren, wie zum Beispiel „Tag und Nacht“, als zwei Punkte in einem Spektrum begriffen werden können, was potentiell auch nichtbinäre Geschlechtsidentitäten einschließt.[3] In der vorherrschenden Auslegung, auf die sich die lehramtliche Anthropologie stützt, dient jedoch die Tatsache, dass die Genesis kein Wort für diese Identitäten hat, als Argument einer rein binären Interpretation des göttlichen Schöpfungswillens. Die Besonderheit der Katholischen Lehre von (genau) zwei Geschlechtern ist dabei die zusätzlich darin enthaltene Vorstellung der grundsätzlichen Verschiedenheit von Mann und Frau in fast allen Punkten außer der G*ttesebenbildlichkeit (die sog. Wesenswürde). So spricht zum Beispiel der Katechismus von einer leiblichen, moralischen und geistigen Verschiedenheit (KKK 2333). Diese Verschiedenheit begründet letztlich auch die patriarchale Tradition mit, in der das Geschlechterverhältnis außerdem hierarchisch ist, was sich am anschaulichsten im Ausschluss von Frauen aus klerikalen Machtpositionen äußert. Insofern ist die eindeutige (d. h. objektiv fremdfeststellbare) Zuordnung zu genau einem von zwei Geschlechtern, Frau oder Mann, für die durch Männer regierte Katholische Kirche höchst systemrelevant. Oder anders gesagt: Der Diskurs über Geschlechteranthropologie ist immer auch ein Machtdiskurs. Dies gilt umso mehr, wenn er zusätzlich mit dem Anspruch einer letzt- oder alleingültigen Auslegung des göttlichen Schöpfungswillens verbunden ist. Durch diese Auslegung wird eine geschlechtsbasierte Diskriminierung zu natürlicher, g*ttgewollter Ordnung (d. h. zu einer gerechten Diskriminierung).

> „Die Kirche sah verschiedene Wege vor, wie Menschen ihr Leben verbringen sollten, doch keiner davon stand mir offen. Denn als ich mich auf die Suche begab und nach den Lebenswegen fragte, die vorgesehen waren, lernte ich nach und nach, dass das Betreten plötzlich an mein Geschlecht geknüpft sein sollte. Und ich spürte, dass ich in den Erzählungen der Kirche nicht vorkam, lange bevor ich den Begriff ‚Transidentität' kennenlernte."[4]

Was dieser Status quo von lehramtlicher Seite für trans* und inter* Menschen in der Kirche heißt, deutet das Papier „Als Mann und Frau schuf er sie"[5] an, mit dem sich die vatikanische Bildungskongregation 2019 zur „Gender-Frage" äußert: Es postuliert, dass Geschlecht eindeutig in genau einer von zwei Kategorien körperlich feststellbar sei. Die „fiktive Konstruktion eines ‚neutralen' oder ‚dritten Geschlechts'" würde den Prozess der Identifikation mit dieser Eindeutigkeit verdunkeln (25). Inter* und trans* werden in der Folge zur „‚provokatorischen' Demonstration gegen die sogenannten ‚traditionellen Schemata', die den Leiden derer, die in einer unbestimmten Situation leben, nicht Rechnung trägt" (25). Denjenigen, die in „unbestimmten Situationen leben", d. h. deren Körper sich dem Deutungshorizont der binären Eindeutigkeit entziehen, solle durch die „wissenschaftliche Medizin" – „nicht die Eltern und noch weniger die Gesellschaft", ganz zu schweigen von der Person selbst, die hier keine Erwähnung findet – zu einer Eindeutigkeit geholfen werden (24). Insbesondere dieser Absatz, der sehr leicht als Rechtfertigung von und Ermutigung zu nichtkonsensueller körperlicher Anpassung von inter* Menschen gelesen werden kann, stößt in der Rezeption zu Recht auf scharfe Kritik[6].

> „Durch Ärzte entdeckt, dauerte es nicht lange, bis ich [im Alter von 15] unter dem Messer landete, um die göttliche Ordnung – in meinem Fall Frau – aufrechtzuerhalten. Ich selbst kannte die Wahrheit nicht und ich war mir auch nicht meines männlichen Geschlechtschromosomensatzes bewusst."[7]

Neben richtigen und wichtigen Stimmen auch aus der katholischen Theologie, die auf die wissenschaftliche Inkorrektheit vieler Aussagen des Papiers und dessen Unvereinbarkeit mit dem aktuellen theologischen Mainstream-Diskurs (in Deutschland) hinweisen, darf aber nicht vergessen werden, dass diese queerfeindlichen Aussagen von Seiten der Amtskirche dennoch in anderer Rezeption äußerst relevant bleiben. Das gilt zum einen für das kirchliche Arbeitsrecht. Zum anderen finden sich Falschinformationen und Deformierungen von trans* und inter* Menschen z. B. auch in sehr viel zugänglicheren kirchlichen Quellen und tragen weiterhin dazu bei, dass viele soziale Räume nicht nur keine Schutzräume für trans* und inter* Menschen darstellen, sondern schlichtweg gefährlich sind für ihre physische und psychische Gesundheit.

> „[Die Geschlechtsangleichung] darf jedoch auf keinen Fall Wirklichkeit werden, denn ich arbeite in der Kirche! Das Urteil aus Rom könnte kaum klarer sein: *gender ideology*! [...] Gibt es aber für mich eine Alternative? Das ist keine rhetorische Frage. Denn hierzu zu schweigen bedeutet, die Machtkonstellationen in der Kirche trotz ihrer Illegitimität anzuerkennen [...]. Ich wäre dann nicht mehr Abbild G*ttes, sondern nur eine Ideologie."[8]

Studien zu LGBTIQ+ Gesundheit zeigen die Folgen von sozialer Ausgrenzung und Minderheitenstress. In einer Zusammenfassung von bundesweiten und internationalen Studien zeigt der LSVD auf seiner Website die durchgängig höhere Betroffenheit von trans* und inter* Menschen von den negativen Auswirkungen sozialer Stigmatisierung nicht nur im Vergleich zu cis Menschen, sondern auch im Vergleich zu ihren queeren Peers. So kommt z. B. eine Zusammenfassung von 35 Studien aus insgesamt zehn Ländern 2018 zu dem Ergebnis, „dass das Suizidrisiko bei LGB-Jugendlichen um das Dreifache höher ist, bei trans* Jugendlichen sogar rund sechs mal so hoch"[9].

„Dass ich über Jahre durch die katholische Kirche diskriminiert sowie in Angst und Schrecken versetzt wurde und psychische Gewalt erfuhr, hätte nie passieren dürfen. Heute klage ich die Kirche für dieses Unrecht an. Mit dem Glauben kann ich nichts mehr anfangen. [...] [Er] wurde durch die Angst zerstört."[10]

Es *gibt* Worte, die die Lebensrealität von trans* und inter* Menschen sowie die exklusiv binären Strukturen und Hierarchien der Katholischen Kirche beschreiben. Sie werden nur oft als zu voraussetzungsreich angesehen, um sie in katholischen Kontexten einfach verwenden zu können. Dies führt zwangsläufig immer zu einer Vereinfachung dieser Strukturen und dazu, dass bestimmte Formen der Diskriminierung unsichtbar bleiben und deswegen beibehalten werden. Wenn wir unter anderem über die sogenannte „Frauenfrage" nur in der Sprache des Systems diskutieren können, d. h. cis-heteronormativ und von einer grundsätzlichen Gegensätzlichkeit der Geschlechter ausgehend, wird sich weder an den Zulassungsbedingungen zu den Ämtern für cis-het Frauen etwas ändern, noch daran, dass alle anderen an dieser Stelle Diskriminierten unsichtbar bleiben. Dabei hängt es häufig von der eigenen Position in der Hierarchie ab, wo Grenzen gezogen werden. Systemtreue Kleriker z. B. haben meiner Erfahrung nach die Fähigkeit, überzeugt die Meinung zu vertreten, dass Geschlecht in der Kirche keine Rolle spielt – in der Regel hat es das für sie auch nie. Wenn ich keine Exklusion sehe, dann liegt das meist daran, dass ich selbst nicht von Exklusion betroffen bin – oder aber, dass mir immer suggeriert wurde, dass ein vorliegender Ausschluss der natürlichen Ordnung entspricht.

> „Ich weiß noch, wie ich bei einem G*ttesdienst der Studienbegleitung, in dem es in der Predigt ums Gerufen-Sein in den pastoralen Dienst ging, bei jedem Wort dachte: Ja, das trifft auf mich zu! Ja, das ist das, was ich möchte! Und gleichzeitig musste ich mit den Tränen kämpfen, weil ich wusste, dass so, wie ich bin, die Kirche mich nicht will. – Bis heute werde ich in jedem G*ttesdienst schmerzlich daran erinnert, wenn beispielsweise im Hochgebet von Männern und Frauen die Rede ist, die für den Dienst in der Kirche bestellt sind.“[11]

Die Unsichtbarkeit von Menschen und die damit verbundene Unsichtbarkeit von Grenzen – den gläsernen Decken, die weniger auffällig durch die Hierarchie verlaufen als die Frauenfeindlichkeit – ist systemerhaltend. Das gilt nicht nur für die Amtskirche, sondern auch für die akademische Theologie und alle anderen katholischen Bereiche, in denen queere Menschen zwar vorhanden sind, aber schweigen müssen und nicht zu ihren eigenen Themen Stellung beziehen, aus Angst sich zu verraten, oder weil sie der Machtrhetorik erliegen, „Betroffene“ könnten nicht objektiv (oder relevant) über Themen der „Betroffenheit“ reden und forschen.

> „Ich habe keinen sicheren Platz in meiner Kirche. Ich bin oft dort und solange ich nützlich erscheine oder namenlos bin, bin ich geduldet.“[12]

Weihnachten ist nicht zufällig eher ein Nachgedanke in diesem Beitrag. Die Grenzen, von denen ich oben rede, tun sich zwischen mir und diesem Fest in der Kirche auf; ich schaue auf das Kind in der Krippe durch mehrere gläserne Wände.

Es ist von der gleichen Gewalt betroffen, wie alle Menschen, bei denen „Eindeutigkeit“ der Schöpfung hergestellt oder fremdbestimmt wurde und wird. Analog zu den Schöpfungsberichten wird dieses Kind in der kirchlichen Rezeption der „neue Mann“ neben Maria, der „neuen Frau“ – und damit Teil eines neuen Binaritätsnarrativs. Das heilbringende Moment der Menschwerdung bleibt im unbefleckt (d. h. ohne Sünde) von einer Unbefleckten empfangenen, unbedingt männlichen, asketischen, weißen Christus der Kirche sehr wenigen vorbehalten.

Im zu Beginn aufgegriffenen Johannesevangelium ist Weihnachten die Menschwerdung des Wortes. Wie kann das Wort, das es in dieser Kirche nicht gibt, Mensch werden?

Theologisch und spirituell kenne ich die Antwort: G*tt stürzt die Mächtigen vom Thron und ist größer, als wir denken können; G*tt ist *grenzüberschreitend*; G*tt ist *dazwischen*; G*tt ist alles, wofür wir noch keine Worte haben und was wir uns nicht vorstellen können. Dafür steht das Wunder der jungfräulichen Geburt, dafür steht der Stall, dafür stehen die Hirten und dafür steht der von Beginn an immer wieder missverstandene und verfolgte Jesus.

Es ist ein weiter Weg zu diesem Weihnachten für die Kirche. Wir müssen uns von der überbestimmten, hierarchiebegründenden Männlichkeit Christi emanzipieren, wenn das Kind in der Krippe unversehrt, wenn Jesus wahrhaft Mensch sein soll. Es gilt, wie Sharon A. Bong vorschlägt, den Leib Christi zu queeren. Nur dadurch ließen sich „schädliche Dualismen […] dekonstruieren, die aus solchen Androzentrismen wie männlich/weiblich, Körper/Verstand/Gefühl, weißer Mann/Eingeborener, heteronormativ/nicht-heteronormativ, Mensch/Natur oder sogar menschlich/nichtmenschlich resultieren“[13]. Nur so kann es eine Menschwerdung für inter* und trans*, für cis Frauen und so viele andere auch in der Weihnachtstheologie der Kirche geben. Bis dahin trotzen wir zusammen mit dem Jesuskind einer Vorstellung von Schöpfung, die uns nicht mitdenken kann, uns entmenschlicht und entwürdigt.

Das Geheimnis von Weihnachten ist, dass wir längst in und mit Jesus Mensch sind – auch wenn unsere Menschwerdung für die Kirche – im besten Fall – noch andauert.

Anmerkungen

1 *M. Klein*, Gedanken zu einer gerechten Kirche. Eine trans nichtbinäre Perspektive, in: U. Leimgruber (Hrsg.), Catholic Women: Menschen aus aller Welt für eine gerechtere Kirche, Würzburg 2021, 95–98.

2 *Ben*, „Ich fiel aus meiner Kirche in ein bodenloses Loch“, in: M. Gräve u. a. (Hrsg.), Katholisch und Queer, Paderborn 2021, 23–27, 24.

3 Vgl. z. B. *I. Fischer*, Liebe, Laster, Lust und Leiden: Sexualität im Alten Testament, Stuttgart 2021, 46–48.

4 *Ben*, „Ich fiel aus meiner Kirche in ein bodenloses Loch“ (s. Anm. 2), 24f.

5 *Konregation für das Katholische Bildungswesen*, „Als Mann und Frau schuf er sie“, https://www.vatican.va/roman_curia/congregations/ccatheduc/documents/rc_con_ccatheduc_doc_20190202_maschio-e-femmina_ge.pdf (Zugriff: 19. Mai 2022).

[6] Vgl. dazu z. B. N. *Schmitz-Arenst*, Trans und Inter schuf er sie, www.y-nachten.de/2019/06/trans-und-inter-schuf-er-sie/ (Zugriff: 11. Mai 2022).
[7] *Petra*, „Um die göttliche Ordnung aufrecht zu erhalten landete ich unterm Messer", in: M. Gräve u. a. (Hrsg.), Katholisch und Queer (s. Anm. 2), 102–105, 103.
[8] *Anonyme*r Verfasser*in*, G*tt liebt Trans*-Menschen! Aber wie ist es mit der Kirche? In: M. Brinkschröder u. a. (Hrsg.), Out in Church – Für eine Kirche ohne Angst, Freiburg i. Br. 2022, 62–65, 63.
[9] www.lsvd.de/de/ct/2615-Gesundheit-von-LSBTI (Zugriff: 11. Mai 2022).
[10] *Petra,* „Um die göttliche Ordnung aufrecht zu erhalten landete ich unterm Messer", in: M. Gräve u. a. (Hrsg.), Katholisch und Queer (s. Anm. 2), 105.
[11] *R. Soden,* „Ich wusste, so wie ich bin, will mich die Kirche nicht", in: M. Gräve u. a. (Hrsg.), Katholisch und Queer (s. Anm. 2), 76–86, 84.
[12] *Ben,* „Ich fiel aus meiner Kirche in ein bodenloses Loch" (s. Anm. 2), 27.
[13] *S. A. Bong,* Ekklesiologie: Zum queeren, postkolonialen, (öko-)feministischen Leib Christi in Asien werden, in: concilium 5 (2019), 547–555, 548.

Das Machtgefälle auf dem Synodalen Weg und damit verbundene Risiken für Machtmissbrauch

Viola Kohlberger

Weihnachten kann erst werden, wenn wir ehrlich über Machtgefälle in der Kirche sprechen. Wir, das sind alle Menschen, die durch die Taufe Teil der Kirche oder auf anderem Wege mit ihr verbunden sind. Wir müssen uns bewusst machen, welche Machtfülle innerhalb der katholischen Kirche besteht und welche negativen Auswirkungen sie auf Menschen innerhalb und außerhalb des Systems hat.

2019 wurde der Synodale Weg ins Leben gerufen, um die Strukturen der katholischen Kirche in Deutschland zu reformieren und zentrale Themen- und Handlungsfelder zu klären.[1] Spätestens die 2018 veröffentlichte MHG-Studie zeigte deutlich, dass kirchliche Strukturen Missbrauch, Gewalt und deren Vertuschung begünstigen.[2]

Dass dieser Reformprozess als Teil der kirchlichen Struktur selbst anfällig für (Macht-)Missbrauch sein könnte, wurde von den Ausrichter*innen, der Deutschen Bischofskonferenz (DBK) und dem Zentralkomitee der deutschen Katholiken (ZdK) zumindest öffentlich nicht thematisiert.

Ich möchte im Folgenden versuchen, mich aus der Binnen-Perspektive der auf dem Synodalen Weg bestehenden Machtfülle anzunähern und Gefahrenquellen für Machtmissbrauch zu benennen. Dafür stütze ich mich auf meine subjektiven Erfahrungen als junge Synodale, die in der katholischen Jugendverbandsarbeit sozialisiert wurde und bereits persönlich von Machtmissbrauch im Rahmen des

Synodalen Weges betroffen war. Mir ist es bei aller Kritik am kirchlichen System wichtig, auch die eigene Rolle darin immer wieder zu reflektieren. Durch meine Bewerbung um einen Platz im Synodalen Weg habe ich mich bereit erklärt, Teil des von DBK und ZdK konzipierten Prozesses zu werden. Ich bin mir bewusst, dass meine Mitarbeit im Synodalen Weg das kirchliche System stützt, das meiner Meinung nach dringend reformiert werden muss.

Verbesserte Kommunikation

Kurz vor der dritten Synodalversammlung im Februar 2022 veröffentlichte das Synodalpräsidium[3] einen „Leitfaden für gute Kommunikation und Konfliktgestaltung bei Veranstaltungen des Synodalen Weges".[4] Dieser beinhaltet neben einem Verhaltenskodex auch interne Kontakt- und Beschwerdemöglichkeiten. Externe Kontaktmöglichkeiten sind nicht aufgelistet, was den Anschein erweckt, dass Beschwerden oder Verdachtsfälle systemintern geklärt werden sollen. Auf die Frage von katholisch.de, welche Auslöser es für die Erstellung des Leitfadens gegeben hatte, nannte der Vorsitzende der DBK, Bischof Georg Bätzing, u. a. folgende Gründe, die sich auf Vorkommnisse bei der zweiten Synodalversammlung im Oktober 2021 bezogen: Übergriffe in der Sprache, die Auseinandersetzung des Kölner Erzbischofs Rainer Maria Woelki mit mir und der Einsatz von roten und grünen Stimmungskarten, den manche Synodalen als eine Bewertung ihrer Person und nicht ihres Redebeitrags verstanden hatten.[5]

Am Beispiel des Leitfadens wird ersichtlich, dass die Verantwortlichen auf dem Synodalen Weg durchaus auf Vorkommnisse reagieren und Konsequenzen ziehen. Wünschenswert wäre allerdings gewesen, wenn bei der Erstellung des Leitfadens Mitglieder der Synodalversammlung in einem stärkeren Maß miteinbezogen worden wären. Ich möchte jedoch die Frage aufwerfen, warum oft erst etwas passieren muss, bevor Teile des Systems hinterfragt und nachjustiert werden.

Die auf dem Synodalen Weg vorhandenen Macht- und Abhängigkeitsverhältnisse sind enorm groß und unübersichtlich. Daraus erwächst ein gewaltiges Potenzial, die vorhandene Macht bewusst oder auch unbewusst zum eigenen Vorteil und damit manchmal auch zum Nachteil von anderen zu nutzen, kurz gesagt: Macht zu missbrauchen. Manche Machtgefälle ergeben sich aus der Hierarchie der katholischen Kirche, andere werden bewusst aufgebaut. Besonders schwierig wird es allgemein gesprochen dort, wo keine Machtkontrolle und damit keine Machtbeschränkung vorhanden ist oder wo bestehende Kontrollmechanismen nicht greifen können. Wenn es keine Selbstregulation gibt und auch von außen nicht korrigierend eingegriffen werden kann, besteht die Gefahr, dass sich missbräuchliche Strukturen etablieren und in der Folge selbst erhalten. Über Macht, Machtgefälle und die verschiedensten Formen von Machtmissbrauch in der katholischen Kirche wurde schon viel geschrieben.[6]

Synodales Hierarchiegefälle

In der Satzung des Synodalen Weges ist festgeschrieben, dass alle Mitglieder der Synodalversammlung gleiches Stimmrecht haben.[7] Sobald es jedoch zu Beschlussfassungen von Texten in der zweiten Lesung kommt und Texte endgültig verabschiedet werden, muss in der Zweidrittelmehrheit aller anwesenden Mitglieder eine Zweidrittelmehrheit der anwesenden Mitglieder der DBK enthalten sein.[8] Zwei Absätze weiter hält die Satzung fest, dass Beschlüsse der Synodalversammlung von sich aus keine Rechtswirkung entfalten werden, denn die Vollmacht der Bischofskonferenz und der einzelnen Diözesanbischöfe bleibt von ihnen unberührt.[9]

Der kurze Satzungsverweis veranschaulicht die Hierarchie innerhalb des Synodalen Weges. Diese Ausgangslage kann nicht verändert werden, zumindest nicht durch die Versammlung selbst. Das ist deshalb nennenswert, weil oft eine Augenhöhe unter den Synodalen suggeriert wird, die aber schon aufgrund der Satzung nicht gegeben sein kann. Neben inhaltlichen Differenzen erlebe ich die große Machtungleichheit unter uns Teilnehmenden als die größte Herausforderung auf dem Synodalen Weg. Statt das Machtgefälle und die Konsequenzen daraus zu thematisieren, haben sich viele Kleriker und Lai*innen scheinbar damit abgefunden oder reden seine Bedeutung klein. Ein konkretes Beispiel wäre die Abfassung der Forentexte: Einige Synodale setzen sich für Formulierungen ein, die vielleicht vom Gros der Bischöfe gebilligt werden könnten, und nehmen damit eine Abschwächung der Inhalte in Kauf.

Satzungsgemäße Intransparenz

Ein großes Potenzial für Machtmissbrauch liegt auch im Habitus der einzelnen Teilnehmenden. Ich selbst habe auf der zweiten Synodalversammlung im Herbst 2021 erfahren, wie es sich anfühlt, wenn ein Teilnehmer eine andere Teilnehmerin auf ihren Wortbeitrag in der Synodalversammlung hin anspricht, dabei einen unangemessenen Rahmen und Wortlaut wählt und sich das vorhandene Machtgefälle von Erzbischof zu Synodaler zunutze machen möchte.[10] Dabei war diese Begegnung kein Einzelfall, doch die bestehenden Abhängigkeitsverhaltnisse und die fehlenden externen Kontaktmöglichkeiten erschweren das Hinzuziehen von Ansprechpersonen oder den Gang an die Öffentlichkeit. Dabei spielt auch das Thema Klerikalismus eine sehr große Rolle.[11]

Die „Spielregeln" des Synodalen Weges sind durch die siebenseitige Satzung grob vorgegeben. Das Synodalpräsidium verfügt über den größten Handlungsspielraum: Es führt den Vorsitz in der Synodalversammlung, bereitet die Versammlung vor und nach, koordiniert im Erweiterten Synodalpräsidium die thematische Arbeit, beschließt die Tagesordnung der Synodalversammlung, lädt Gäst*innen ein und bringt neben den Foren Vorlagen zur Beratung in der Synodalversammlung ein. Außerdem besetzt es nach eigenem Ermessen Foren, Antragskommissionen und Arbeitskreise.[12]

Das Synodalpräsidium leistet wertvolle Arbeit, tatkräftig unterstützt von den Mitarbeitenden des Synodalbüros. Im Hinblick auf die Machtproblematik muss aber festgehalten werden, dass die Synodalversammlung das Präsidium nicht selbst gewählt hat. Es besteht von Seiten des Synodalpräsidiums keine Rechenschaftspflicht gegenüber der Synodalversammlung, aber auch keine institutionalisierte Möglichkeit, sich Feedback einzuholen. Meiner Einschätzung nach ist die Arbeit des Synodalpräsidiums von Intransparenz geprägt. Das betrifft auch Entscheidungen, die im Rahmen des Erweiterten Synodalpräsidiums[13] gefällt wurden, z. B. über Verlängerungen des Prozesses oder über die Beschränkung der Anzahl der in die Versammlung eingebrachten Forentexte. Das Synodalpräsidium ist an den meisten Punkten nicht zu transparentem Handeln verpflichtet – die Satzung und auch die Versammlungskultur von DBK und ZdK erlauben große Freiheiten. Das sorgt unter den Synodalen, die demokratische und transparente Verfahrensweisen auch im kirchlichen Kontext gewohnt sind, für Irritationen und Missverständnisse und erschwert die Zusammenarbeit auf dem Synodalen Weg.

Mächtige Versammlungskultur

Die jeweilige Versammlungskultur hat auch unabhängig vom Präsidium das Potenzial, Machtungleichheiten zu begünstigen. Weit gefasst gehören zur Versammlungskultur unter anderem folgende Bereiche: die Gestaltung des Versammlungsortes und der Tagesordnung, Gesprächsregeln und Wertschätzung, die gesamte Sprachkultur, die Feedbackkultur und auch die Art und Weise, wie Wahlen und Anträge gehandhabt werden. Vieles davon ist in Satzung und Geschäftsordnung festgehalten, doch darüber hinaus blieb und bleibt unklar, wie zielgerichtet an Texten mitgearbeitet werden kann oder wie Anliegen sinnvoll und nachhaltig eingebracht werden können. Ich hatte das Privileg, bereits zweimal in eine Antragskommission berufen worden zu sein. Daher weiß ich, wieviel Macht diese Kommissionen über Textinhalte haben können, z. B. indem sie entscheiden, mit welcher Formulierung welche Änderungsanträge in die Synodalversammlung eingebracht werden. Wir haben uns als Antragskommission bemüht, allen Eingaben gerecht zu werden. Auch wenn es mir schwerfällt, das zuzugeben: Als Synodale und Mitverfasserin der Texte war es nicht möglich, rein objektiv Entscheidungen zu treffen.

Exklusive Sprachmacht

Ein weiteres Feld für potenziellen Machtmissbrauch ist die in der Versammlung gelebte Sprachkultur. Zum einen gibt es auch beim Synodalen Weg ungeschriebene Gesprächs- oder Verhaltensregeln, wie in allen seit Jahrzehnten und Jahrhunderten bestehenden Organisationen, die Neulingen oder Außenstehenden nicht zugänglich sind und manchmal auch exklusiv bleiben sollen. Zum anderen geht es darum, wie auf der Synodalversammlung miteinander gesprochen wird. Diskussionen werden bisweilen auf einem sprachlichen Niveau geführt, das Nicht-Theolog*innen ausschließt. Natürlich sind bestimmte theologische Formulierungen notwendig, um Sachverhalte präzise zu beschreiben. Beispielsweise durch die bewusste Verwendung von umschreibbaren lateinischen Ausdrücken wird jedoch die theologische Sprach-Macht sichtbar. Diese wird von Teilnehmenden nicht immer offen angefragt, um die eigene vermeintliche Inkompetenz nicht öffentlich machen zu müssen. Aber nicht nur eine exklusiv verwendete Fachsprache kann ein Problem darstellen, sondern auch eine Sprache, die sich im Schutz der kirchlichen Lehre wähnt und dabei bewusst oder unbewusst auf menschenfeindliche Ausdrucksweisen zurückgreift, z. B. indem mit Verweis auf die Binarität queeren Menschen ihre geschlechtliche Identität abgesprochen wird.[14]

Der Aufbau des Synodalen Weges bringt es mit sich, dass Machtfülle, Machtgefälle und auch Missbrauch von Macht zwar theoretisch reflektiert werden, aber kaum im

Hinblick auf die Synodalversammlung selbst. Zum Zeitpunkt der Textabfassung gab es noch keine Teilnehmenden-Reflexion im Nachgang einer Versammlung. Die Chance, aus solchen Reflexionen zu lernen und die Veranstaltungen daraufhin anzupassen, wird und wurde nicht genutzt. Wohl gab es die Möglichkeit, dem Synodalbüro zu schreiben, doch ob und wie eingegangene Rückmeldungen bearbeitet werden, ist nicht transparent. Mal werden „offene Briefe" einzelner Synodaler weitergeleitet, ein anderes Mal nicht.

Reformierte Strukturen ermöglichen Schutzräume

Wenn ich darüber nachdenke, wie Jesus von Nazareth vor 2000 Jahren seine frohmachende Botschaft lebte und von ihr erzählte, kommt mir in den Sinn, wie er seinen Mitmenschen von Angesicht zu Angesicht begegnete. Er nahm sie ernst, sprach mit ihnen auf Augenhöhe, hörte ihnen zu und fragte, was er für sie tun könne. Jedes Jahr an Weihnachten werden wir wieder daran erinnert, dass Jesus als Neugeborener klein, verletzlich, schutzbedürftig und auf Menschen angewiesen war, die ihm in Liebe begegneten. Gerade in Zeiten großer Ohnmacht sollten wir uns Jesus Christus und seine Menschenliebe zum Vorbild nehmen und uns davon leiten lassen – auch auf dem Synodalen Weg. Strukturen können den Blick auf einzelne Menschen verdecken. Weihnachten kann erst werden, wenn Macht- und Abhängigkeitsverhältnisse nicht länger ignoriert, sondern immer wieder hinterfragt und aktiv verändert werden. Dann kommen wir auch zu denen, um die es im Kern der jesuanischen Botschaft geht: um Gott und den Menschen.

Der Blick auf Jesus Christus und seinen Umgang mit ungerechten Systemen und Hierarchien kann uns helfen. Wenn wir, so wie Jesus, die Menschen um uns herum ernst nehmen, sie in ihrer Verletzlichkeit und Schutzbedürftigkeit sehen, kann nur eine Konsequenz folgen: Mit aller Macht müssen die missbrauchsbegünstigenden und verletzenden kirchlichen Strukturen dahingehend verändert werden, dass Menschen Schutz und Heil in ihnen finden können. Wir müssen nicht alle Hierarchien abbauen – das geht ja auch gar nicht – aber wir müssen uns der mit ihnen verbundenen Machtgefälle und der Auswirkungen, die sie auf uns und unser Verhalten haben, bewusst sein.

Anmerkungen

[1] Art. 1 Abs. 1 SaSW (Satzung des Synodalen Weges); die Satzung kann hier eingesehen werden: https://www.synodalerweg.de/fileadmin/Synodalerweg/Dokumente_Reden_Beitraege/Satzung-des-Synodalen-Weges.pdf (Zugriff: 31.05.2022).

[2] Zur MHG-Studie: https://www.zi-mannheim.de/forschung/forschungsverbuende/mhg-studie-sexueller-missbrauch.html (Zugriff: 31.05.2022).

[3] Dem Synodalpräsidium des Synodalen Weges gehören an: Der Vorsitzende und Stellvertretende Vorsitzende der DBK sowie der*die Präsident*in und ein*e Vize-Präsident*in des ZdK, Art. 6 Abs. 1 SaSW.

[4] https://www.synodalerweg.de/fileadmin/Synodalerweg/Dokumente_Reden_Beitraege/2022_SVIII_Leitfaden.pdf (Zugriff: 31.05.2022).

[5] Das Interview gab Georg Bätzing am 03.02.2022 der Instagram-Redaktion von katholisch.de: https://www.instagram.com/s/aGlnaGxpZ2h0OjE3OTYzNTYzODYxNTExNzI3?story_media_id=2765604309812302889_372156989&igshid=YmMyMTA2M2Y= (Zugriff: 31.05.2022).

[6] Vgl. *S. Kopp* (Hrsg.), Macht und Ohnmacht in der Kirche. Wege aus der Krise (Kirche in Zeiten der Veränderung 2), Freiburg i. Br. 2020; *B. Jürgens/M. Sellmann* (Hrsg.), Wer entscheidet, wer was

entscheidet? Zum Reformbedarf kirchlicher Führungspraxis (Quaestiones disputatae 312), Freiburg i. Br. 2020.

[7] Art. 3 Abs. 2 SaSW.

[8] Art. 11 Abs. 2 SaSW; in der von der Synodalversammlung beschlossenen Geschäftsordnung gibt es außerdem die Möglichkeit, das Quorum einer Zweidrittelmehrheit der nicht-männlichen anwesenden Mitglieder der Synodalversammlung für eine Beschlussfassung zu beantragen, § 6 Abs. 3 GOSW; die Geschäftsordnung des Synodalen Weges kann hier eingesehen werden: https://www. synodalerweg.de/fileadmin/Synodalerweg/Dokumente_Reden_Beitraege/Geschaeftsordnung-des-Synodalen-Weges.pdf (Zugriff: 31.05.2022).

[9] Art. 11 Abs. 5 SaSW.

[10] Meine Sichtweise auf den Machtmissbrauch habe ich in einem Video festgehalten: https://www.instagram.com/tv/CUnFbvKjjxR/?utm_source=ig_web_copy_link (Zugriff: 31.05.2022).

[11] Dazu äußert sich Daniela Ordowski in ihrem Beitrag „Vor verschlossenen Türen“ in diesem Band.

[12] Art. 6 Abs. 2f. SaSW; Art. 7 Abs. 3f. SaSW; Art. 4 Abs. 3 SaSW; Art. 10 Abs. 1 SaSW; Art. 8 Abs. 3 SaSW.

[13] Dem Erweiterten Synodalpräsidium gehören stimmberechtigt die Mitglieder des Synodalpräsidiums und jeweils die beiden Vorsitzenden der Synodalforen an, die beiden Geistlichen Begleiter*innen sind ständige Gäste. Das Erweiterte Synodalpräsidium unterstützt das Synodalpräsidium in seiner Tätigkeit und koordiniert insbesondere die thematische Arbeit, Art. 7 Abs. 1–3 SaSW.

[14] Ein weiteres Beispiel habe ich im Nachgang der Regionenkonferenz im Herbst 2020 verschriftlicht: https://y-nachten.de/2020/12/synodengaengerinnen-regionenkonferenz-muenchen-oder-der-schutzschild-der-katholischen-lehre/ (Zugriff: 31.05.2022).

Fürchtet euch nicht! Plädoyer für mehr Mut in der theologischen Wissenschaft

Anna Kontriner

Solange wir still und angepasst sind, solange wir darauf warten und hoffen, dass etwas passiert, solange wir mutlos und gehorsam und scheinbar pragmatisch sind, wird es bestimmt nicht Weihnachten werden in der theologischen Wissenschaft. Weihnachten ist ja nichts, das passiert, weil etwas, das erhofft und erwartet worden wäre, plötzlich eintritt. Auf die Geburt Jesu hat wahrlich niemand gewartet, das mit dem Messias hat man sich sehr anders vorgestellt. Noch ein Kind armer Leute, das in einem Viehstall geboren wird – nüchtern betrachtet gibt es kaum Gewöhnlicheres, Profaneres, weniger Mutmachendes und Hoffnungsstiftendes. Die Geburt Jesu hat zunächst fast nichts mit Weihnachten, mit dem Kommen eines Messias zu tun.

Machtverhältnisse und Traditionen der Furchtlosigkeit

Jesus wäre nicht der Messias und die Nacht seiner Geburt wäre nicht Weihnachten, würden wir nicht daran glauben und würden wir es nicht feiern. Das Kind, das geboren worden ist, wäre nicht der Messias, wenn es nicht als solcher empfangen worden wäre. „Fürchte dich nicht“, spricht der Engel Gabriel zuerst zu Zacharias, als er ihm die Geburt von Johannes dem Täufer ankündigt (Lk 1,13)[1], und später zu Maria, als er ihr die Geburt Jesu verheißt (Lk 1,30); „Fürchtet euch nicht", spricht ein Engel nach der Geburt Jesu zu den Hirt*innen auf dem Feld. Sie fürchten sich sehr wohl, Zacharias, Maria und die Hirt*innen, doch sie verharren nicht in ihrer Furcht, lassen sich nicht von ihr leiten. Sie überwinden ihre Furcht und heißen das Kind, allen Widrigkeiten zum Trotz, als den Messias willkommen – und dann wird Weihnachten.

Damit stehen Zacharias, Maria und die Hirt*innen in der langen Tradition der Mutigen, Unangepassten und Aufrichtigen, derer, die aus der Position der Schwächeren heraus furchtlos und kritisch gegenüber den Mächtigen waren. Zu den wichtigsten Strängen dieser Tradition gehört die Prophetie in Israel. Im Alten Orient gab es unzählige Prophet*innen und die meisten davon ließen sich von den Machthabenden bezahlen und propagierten, was diese hören wollten. Sie sind heute fast vergessen. In Erinnerung geblieben sind die wenigen Prophet*innen aus Israel und Juda, die furchtlos und oft trotz Entbehrung und Unterdrückung die Machthabenden kritisiert haben. Die Texte, die diesen Prophet*innen zugeschrieben werden, sind Teil unserer Bibel. Das ist die Tradition, in der Zacharias, Maria und die Hirt*innen stehen, und das ist die Tradition, auf die wir uns bis heute berufen.

In der katholischen Theologie, wie sie an deutschsprachigen Hochschulen gelebt wird, ist von dieser Tradition der Furchtlosigkeit wenig zu spüren. Die strukturellen Bedingungen machen es schwer, für die eigenen Überzeugungen einzustehen. Die einzelnen Mutigen, die es dennoch tun, stehen meist allein auf weiter Flur, gefördert und unterstützt werden sie kaum. Und daher halten sich die meisten Theolog*innen als Personen lieber von allem fern, was Furchtlosigkeit erfordern würde. Natürlich ist dafür schnell eine Begründung zur Hand, derer sich gerade liberale Theolog*innen gerne bedienen: Theologie ist nicht Glaube. Als Theolog*innen brauchen wir kritische Distanz, es ist unsere Aufgabe, zu reflektieren, zu erklären, einzuordnen; eigene spirituelle Überzeugungen gehören nicht ins Jobprofil, sondern ins Privatleben. Und das gilt besonders dann, wenn sie eine politische Dimension haben.

Scheinbarer Pragmatismus und seine Konsequenzen

Aber Wissenschaft – und gerade Theolog*innen sollten sich dessen bewusst sein – ist immer im Zusammenhang mit politischen, gesellschaftlichen und, in Bezug auf die Theologie, kirchlichen und spirituellen Entwicklungen zu betrachten und zu betreiben. Diese Entwicklungen beeinflussen die wissenschaftliche Praxis, ob einem*einer das gefällt oder nicht. Entweder, man bezieht sie aktiv ein, reflektiert sie und bezieht Stellung, oder man tut, als könne man sie ignorieren, während man stillschweigend zulässt, dass sie das eigene Arbeitsfeld formen – vom diskursiven Rahmen bis zur finanziellen Grundlage.

Profiteur*innen dieser unpolitischen Orientierung an einem scheinbaren Pragmatismus sind stets die Mächtigen, hier die katholische Kirche als Institution, die darauf baut, dass die liberalen und progressiven Theolog*innen ihre Machtkritik nur innerhalb der engen Grenzen des Publizierbaren üben und im akademischen Alltag nach den Regeln spielen. Die Konsequenzen dessen sind mittlerweile deutlich sichtbar. Die katholische Theologie hat nur selten Antworten auf die drängenden Fragen unserer Zeit, allzu oft stellt sie sich diesen gar nicht: Krieg, Klimakrise,

Artensterben, faschistoide Regierungen in Europa, hunderttausende Covid-Tote, Millionen Menschen auf der Flucht, Milliarden in Armut. Sie hat auch selten Antworten auf die Fragen, die die katholische Kirche als Institution aufwirft: Fragen nach den systemischen Ursachen von sexuellem Missbrauch, nach den Folgen für Spiritualität und das Verhältnis von Kirche und Staat, Fragen nach der pastoralen und dogmatischen Tiefendimension der Unterdrückung von Frauen und der menschenverachtenden Ignoranz gegenüber LGBTIQA*-Personen, Fragen nach der kirchenrechtlichen und historischen Fundierung des Klerikalismus und nach alternativen Traditionslinien, an die angeschlossen werden kann, Fragen nach Orthodoxie, Häresie und danach, wer diese Kirche überhaupt ist, aus der so viele austreten, die so viele reformieren wollen und von der so viele andere erklären, sie sei eine unveränderliche Institution, die über jeden Diskurs erhaben ist. Die Theologie hat darauf selten Antworten, weil allzu viele Theolog*innen damit beschäftigt sind, das langsame Ende der theologischen Fakultäten zu verwalten, ihre eigene, höchst prekäre Karriere zu managen und unter dem Radar Roms zu fliegen.

‚Pragmatisch', der Sache angemessen und auf die zu erwartenden Konsequenzen hin geprüft, ist das sicher nicht, und man möchte es den Engeln gleichtun und „Fürchtet euch nicht!" in diese Dunkelheit rufen, in der von einer Weihnacht nichts zu spüren ist.

Nein, Theologie ist nicht Glaube und Theologie ist auch nicht Politik. Aber Theologie ohne Glaube und ohne politisches Bewusstsein ist bestenfalls überflüssig und schlimmstenfalls ein Mechanismus der Selbstbestätigung für die Mächtigen. Heute ist es offensichtlich, dass wir vor einem Umbruch stehen, innerkirchlich und gesamtgesellschaftlich. Die Zeit des falsch verstandenen Pragmatismus geht zu Ende. Die Frage ist, was danach kommt.

In der Theologie als Wissenschaft ist dies die Frage danach, wie viele katholisch-theologische Fakultäten und Institute es in zwanzig Jahren an staatlichen Universitäten geben wird und wie sie aussehen werden. Dass es diese überhaupt gibt, ist eine Besonderheit der Theologie im deutschen Sprachraum und dem Vatikan seit langer Zeit nicht genehm. Dieser nämlich bevorzugt die Forschung und Lehre an kirchlichen Hochschulen, die einfacher zu kontrollieren und vielerorts bloße Ausbildungsinstitute reaktionärer Ideolog*innen sind. Die Theologie, wie sie an staatlichen Hochschulen betrieben wird, ist meist liberaler, intensiver mit anderen Wissenschaften vernetzt und zugänglicher für Lai*innen als die der kirchlichen Hochschulen. Geht es aber weiter wie bisher, wird ein großer Teil dieser Fakultäten schließen müssen oder stark schrumpfen; übrig bleiben werden die kirchlichen Hochschulen, und der Vatikan wird sich damit gegen die liberale Theologie durchsetzen. Denn die Studierendenzahlen nehmen rapide ab, weil sich immer weniger Menschen vorstellen können, in Kirche und Theologie zu arbeiten und damit ein menschenverachtendes, von Missbrauchsstrukturen geprägtes System mitzutragen; und der Großteil derer, die bleiben, sind konservativer als die Konservativen der Generation davor. Die Universitätsleitungen reagieren darauf, indem sie immer mehr Geld abziehen, und das verstärkt den Trend. Die Professuren werden immer weniger, und allzu viele werden mit reaktionären Priestern [sic] oder visionslosen Karrierist*innen besetzt. Progressive Theolog*innen können diesem Trend zu wenig entgegensetzen, sosehr sie es versuchen. Nachwuchswissenschaftler*innen haben kaum eine Perspektive auf gut bezahlte Stellen, die langfristige Perspektiven bieten, und unterstehen nicht nur dem Druck des akademischen Systems, sondern auch den Repressalien der katholischen Kirche, die bis in die Schlafzimmer durchregiert. Wer sich zu bestimmten Themen kritisch äußert, hat das baldige Ende der eigenen Laufbahn zu erwarten. Selbstzensur und vorauseilender Gehorsam sind üblich, von Wissenschaftsfreiheit ist die Theologie zurzeit weit entfernt. Wenn sich die Entwicklung in diese Richtung fortsetzt, dann wird es katholische Theologie an staatlichen Hochschulen, wie wir sie kennen, bald gar nicht mehr geben.

Die Notwendigkeit, sich auf eine Tradition zu besinnen

Oder aber wir gestalten den Umbruch und finden einen Weg aus der unpolitischen und in gewisser Weise unchristlichen Haltung, die die Theologie derzeit prägt. Dann kann es richtig gut werden. Theologische Fakultäten an staatlichen Hochschulen könnten wieder Orte des philosophisch und historisch fundierten Austausches werden, Orte eines regen intellektuellen Lebens, die Menschen verschiedenster Milieus und Weltanschauungen anlocken. Sie könnten ernst zu nehmende kritische Instanzen gegenüber Rom und seinen Machtstrukturen werden und die Entwicklung, die die Kirche in Deutschland mit dem Synodalen Weg gerade gestaltet, vorantreiben. Sie könnten Bewegungen wie *#OutInChurch* Raum geben und mit theoretischer Grundlegung und Reflexion politisches Engagement fördern. Nicht zuletzt könnten sie Orte sein, an denen neue Konzepte eines spirituellen und liturgischen Lebens entwickelt werden, die die klerikale Logik hinter sich lassen. All das ist möglich und all das ist auch realistisch: Es gibt die Menschen, die die Fähigkeiten dazu haben, es gibt tausend Fragen, die gestellt und bearbeitet werden müssen, es entspricht den Zeichen der Zeit.

Das Problem ist, dass sich viele immer noch vom falsch verstandenen Pragmatismus, der unsere Zeit prägt, lähmen lassen. Ist es der Sache angemessen, den theologischen Fakultäten dabei zuzusehen, wie sie gegen die Wand fahren, während man verzweifelt versucht, die eigenen Mitarbeiter*innen, die eigene Karriere, ein letztes Forschungsprojekt noch irgendwie für ein paar Jahre zu retten? Ist es nicht. Es ist nur der einfachste, konfliktfreiste und unpolitischste Weg und damit entspricht es dem, was die Mächtigen haben wollen.

Besinnen wir uns darauf, dass die Tradition, in der wir stehen, sehr viel weiter zurückreicht als dieser falsch verstandene Pragmatismus, als die Illusion, dass der Sache angemessen wäre, was systemkonform ist, dass wir strukturelle Probleme durch individuelle Anpassung beantworten könnten. Können wir nicht. Strukturelle Ungerechtigkeit erfordert keine individuelle Anpassungsstrategie, sondern kollektive Antworten.

Wir können uns auch andere Orientierungshilfen suchen als diesen falsch verstandenen Pragmatismus. „Fürchtet euch nicht", das braucht es, damit Weihnachten werden kann. Wären Zacharias, Maria und die Hirt*innen in ihrer Furcht verharrt, dann wäre nicht Weihnachten geworden. Es wird auch heute nicht von allein Weihnachten werden. Die Mächtigen werden kein Einsehen haben, sie werden nicht plötzlich beginnen, kritische Kräfte zu fördern, sie werden ihre intransparenten und willkürlichen *nihil obstat*-Verfahren nicht aussetzen, sie werden weiterhin an ihrer Macht festhalten, diese zu ihrem eigenen Vorteil missbrauchen und einer menschenverachtenden, reaktionären Theologie Tür und Tor öffnen. Die zahlreichen Versuche, sie rational zu überzeugen oder sie freundlich zu bitten oder sie auf ihre moralischen Verpflichtungen hinzuweisen, sind gescheitert. Die Mächtigen werden sich nicht ändern, solange sie von ihrer Übermacht profitieren. Also müssen wir die Dinge selbst in die Hand nehmen, im festen Glauben an jenen Gott, von dem Maria im Magnificat sagt: „Er hat Mächtige vom Thron hinabgestoßen und Niedrige erhöht“ (Lk 1,52). Jede*r Einzelne ist gefordert, sich zu fragen, wie sie*er handeln würde, wäre da nicht diese lähmende Furcht – und sich dann mit Gleichgesinnten zusammenzuschließen und es einfach zu tun.

Fürchtet euch nicht, nur dann kann es Weihnachten werden in der Theologie. Fürchtet euch nicht davor, keine Stellen und Gelder zu bekommen, kein *nihil obstat* und keine Professur. Fürchtet euch nicht davor, euch an den Rand der Diskurse und der Institutionen zu begeben. Fürchtet euch nicht vor der Missgunst der Mächtigen. Ich spreche hier als Theologin und als Christin, obgleich ich zwei Wochen nach dem Abschluss meines Theologiestudiums aus der katholischen Kirche als Institution ausgetreten war, meinen Job gekündigt hatte und wegen Klimaaktivismus in Polizeigewahrsam saß. Selten trifft man mich in einer Kirche und noch seltener an der Universität. Und doch lebe ich mehr demgemäß, was ich als meine Berufung als Christin und Theologin begreife, als ich es im Rahmen des institutionell Vorgesehenen getan habe und hätte tun können. Wem das zu radikal erscheint, der sei an die Tradition der Prophet*innen erinnert, und an Zacharias, Maria und die Hirt*innen. Wir müssen diese Tradition ernst nehmen, wenn wir uns auf sie berufen, auch wenn dies heißt, sich an den Rand zu begeben und manchmal nicht mit am Tisch zu sitzen. Gerade zu denen, die nicht mit am Tisch gesessen sind, ist Jesus als der Messias gekommen. Fürchtet euch nicht vor der Ungewissheit der Zukunft, dann können wir diese dunkle Zeit hinter uns lassen, und es kann Weihnachten werden – auch in der Theologie.

Anmerkungen

[1] Die Übersetzung von Bibelstellen folgt der Elberfelder Bibel (2006).

Weihnachten kann es erst werden, wenn kirchliche Strukturen nicht mehr diskriminieren

Mein Gott diskriminiert nicht:*
Luisa Bauer, Lisa Baumeister und Claudia Danzer

„Mein Gott* diskriminiert nicht. Meine Kirche schon." Hinter dem Titel unserer Initiative[1] steht die Wahrnehmung eines Widerspruchs im Raum der römisch-katholischen Kirche, den wir nicht mehr bereit sind, weiter auszuhalten. Das Gottes*bild, das unseren Glauben prägt, ist das der unbedingten Liebe Gottes*, die jede einzelne Person annimmt, wie sie ist. Gerade an Weihnachten, dem Fest der Liebeserklärung Gottes* an die Menschen, rückt diese Botschaft in das Zentrum vieler funkelnder Gottesdienste. Doch ist eine Weihnachtspredigt über dieses Liebesangebot im Kirchenschiff der römisch-katholischen Kirche in ihrer momentanen Verfassung glaubwürdig? Die kirchlichen Strukturen erzählen nicht von der Liebe Gottes*. Sie verkehren diese Rede vielmehr ins Gegenteil, wenn sie, angeblich im Namen Gottes*, Menschen u. a. aufgrund ihrer geschlechtlichen Identität und/oder sexuellen Orientierung diskriminieren. Die drängenden Forderungen nach Reformen sind nicht zu trennen von der Frage, über welche*n Gott* Kirche sprechen möchte.[2]

Die Lage scheint kompliziert. Im Laufe der reichen Kirchengeschichte haben sich zahlreiche Menschen für eine andere Kirche eingesetzt und sich nicht mit den diskriminierenden Strukturen zufriedengegeben: Erinnert sei an die große Ordensgründerin Teresa von Ávila, die die Situation von Frauen in der Kirche als „eingepfercht"[3] beschrieb; oder an die Menschen, u. a. Iris Müller und Ida Raming, die später als Donaupriesterinnen bekannt wurden, die im II. Vatikanum eine Eingabe machten und die volle Gleichberechtigung von Frauen in der Kirche forderten, aber überhört blieben.[4]

Aus einer aktivistischen Sicht hilft es, *out of the box* zu denken, wenn Veränderungen in einem mächtigen System angestoßen werden sollen: Die Methode „Pillars of Power"[5], die aus der *nonviolence*-Bewegung kommt, kann in unseren Augen dabei helfen, in einem System die „Säulen der Macht" zu identifizieren, die – oft implizit – die Macht einer Institution erhalten. Dabei gilt als Grundsatz, dass Macht nicht nur auf Top-Down-Effekten basiert, sondern ebenso Bottom-Up erhalten wird. Dies geschieht durch Zuschreibungsprozesse: Den Säulen der Macht wird Legitimität zugestanden. Anders formuliert: Ein System, das auf Gehorsam basiert, funktioniert nur so lange, wie Menschen eben gehorsam sein wollen und einem System Legitimität zuschreiben. Die Kampagne queerer Katholik*innen „#OutInChurch – für eine Kirche ohne Angst" hat gezeigt, wie viel neue Bottom-Up-Effekte in kurzer Zeit verändern können.

Als implizite Säulen der römisch-katholischen lehramtlichen Theologie und Kirche haben wir – vereinfacht – das Menschenbild, das Gottes*bild und die (fehlende) Auseinandersetzung mit Macht identifiziert. Alle drei Säulen stützen sich gegenseitig. Aber was hat das alles mit Weihnachten zu tun? Eine These der Methode „Pillars of Power" ist, dass bestehende Strukturen geschwächt werden können, indem Alternativen im Sinne von „Pillars of Support" gestärkt werden. In unserem Fall: indem ein*e Gott* der Liebe und der Diskriminierten wieder eine glaubwürdige Stimme im Raum der Kirche erhält.

Ein weihnachtliches Menschenbild: Strohhalme statt Glitzerglamour

Die heute so viel diskutierten Fragen rund um die Öffnung der kirchlichen Ämter für alle und die Fragen nach der Anerkennung von geschlechtlicher und sexueller Vielfalt[6] kommen nicht von ungefähr. Sie erheben sich gegen ein Menschenbild, das starr binär geprägt ist und die Erkenntnisse aktueller Gendertheorien nicht anerkennt.[7] Das römisch-katholische Lehramt rekurriert dabei immer wieder auf Maria, Josef und das Jesuskind, die sog. „heilige Familie", um das Ideal eines heterosexuellen Paares zu statuieren, sowie insbesondere auf Maria, wenn es um Fragen der „Fraulichkeit" geht.[8]

Dabei kann bei einem genauen Blick in die Weihnachtsgeschichte leicht festgestellt werden, dass dort die Verhältnisse an vielen Stellen ganz anders sind, als wir es vielleicht erwarten würden. Gott* wird Mensch, genauer: kommt als Baby zur Welt. Der Erzählung nach nicht in einem pompösen Anwesen in Jerusalem, sondern in einem Stall in Bethlehem unter eher schwierigen Verhältnissen für eine Geburt, und dies, ohne dass die Mitmenschen dem werdenden Elternpaar helfend entgegenkommen. Auch die Familienverhältnisse, in die das Baby hineingeboren wird, sind zu dieser Zeit nicht die leichtesten: Die Eltern sind nicht verheiratet und Maria wird doch eher überraschend schwanger. Was sich dort anbahnt, ist, modern gesprochen, eine Art Patchworkfamilie zwischen Maria, dem Ziehvater Josef und dem dritten Elternteil Jesu – Gott*.

Die Weihnachtsgeschichte hat bis hierhin wenig mit funkelndem Glanz zu tun, sondern ist eine Erzählung, die mitten ins Leben hineingreift. Und auch die Menschen, die das Baby empfangen, von Hirt*innen bis hin zu weltlichen Würdenträger*innen, decken eine große Vielfalt ab. Und so ist die Weihnachtsgeschichte eigentlich bereits in ihrer narrativen Grundlegung eine, die wenig glamourös, stereotyp-ideal ist, sondern vielfältig und lebensnah.

Was sich im berichteten Verhalten Jesu gegenüber seinen Mitmenschen zeigt, deutet sich in der Weihnachtsgeschichte bereits an: Die Menschen und ihre Lebensumstände sind vielfältig und nichts daran ändert die bedingungslose Liebe, mit der Gott* ihnen begegnet. Im Sinne dieser Erzählung kann für uns erst Weihnachten werden, wenn die Menschwerdung Gottes* tatsächlich als Liebeserklärung an die Menschen in ihrer Vielfalt gefeiert wird und sich diese Erkenntnis endlich auch in den kirchlichen Strukturen widerspiegelt.

Ein weihnachtliches Gottes*bild: Machtverhältnisse auf den Kopf gestellt

Traditionelle Interpretationen der Weihnachtsgeschichte transportieren nicht nur ein ganz bestimmtes Menschenbild, sondern auch ein Gottes*bild. Gott* wird als Vater des Neugeborenen gelesen, indem „ihm" der als unabdingbar angenommene aktive, männliche Part der Zeugung zugeschrieben wird. Auf diese Weise wird das Bild eines männlichen Gottes gezeichnet, Gott* also „vermännlicht". Dadurch stehen auf der einen Seite der Geschichte der männliche Gott und das göttliche männliche Baby. Auf der anderen Seite steht die weibliche, menschliche Maria. Dabei handelt es sich um eine sehr binär errichtete, asymmetrische Konstellation. Die Vermännlichung Gottes* führt in der kirchlichen Praxis, z. B.

hinsichtlich der Zulassung zu den kirchlichen Ämtern, zu einer Art Vergöttlichung des männlichen Geschlechts. Diesen Teufelskreis gilt es zu durchbrechen, denn die Sakralisierung des Männlichen dient nicht nur als Rechtfertigung diskriminierender innerkirchlicher Strukturen, sondern fördert auch seit Jahrhunderten außerkirchliche, gesellschaftliche Ungleichbehandlung.

Doch kann das Verewigen und Glorifizieren patriarchaler Verhältnisse tatsächlich Gottes* „Masterplan" gewesen sein, sich in Jesus als Mensch – nein, als Mann – zu inkarnieren? Das Magnificat, der subversive Lobgesang, den Maria laut dem Evangelisten Lukas zu Beginn ihrer Schwangerschaft singt (Lk 1,46–55), zeugt von einer ganz anderen Weihnachtsbotschaft. Sie verkündet, dass Gott* barmherzig ist gegenüber allen, unabhängig ihrer Gruppenzugehörigkeit, dass Gott* die Benachteiligten und Ausgeschlossenen wahr-, sich ihrer annimmt und bestehende Machtverhältnisse auf den Kopf stellt.

Wenn aber diese Botschaft hinter die Tatsache, dass Jesus männlich war, zurücktreten muss und auf diese Weise diskriminierende Strukturen legitimiert werden sollen, wird das Weihnachtsereignis in seiner Botschaft ad absurdum geführt. Anstatt herauszustellen, dass Jesus im Umgang mit seinen Mitmenschen die Geschlechterordnung herausforderte, wird insbesondere vom kirchlichen Lehramt betont, dass Jesus männlich war und auch in den Evangelien vorwiegend Männer Erwähnung finden, und dies zur Begründung bestehender Diskriminierungen benutzt.

Nicht nur beim Menschenbild, sondern auch beim Gottes*bild muss also ein Umdenken stattfinden, um die befreiende Botschaft von Weihnachten wieder herauszustellen. Um diese als Kirche authentisch bezeugen zu können, ist es unabdingbar, dass sich die kirchlichen Strukturen ändern.

Machtfragen: (Spirituelle) Handlungsraume eroffnen

Als dritte Säule der Macht kommt neben dem Menschenbild und dem Gottes*bild noch die fehlende innerkirchliche Auseinandersetzung mit Machtprozessen hinzu. Über das Phänomen „Macht“ wird in der römisch-katholischen Kirche zu wenig gesprochen, wie Christiane Florin festhält,[9] und gerade deshalb dient die fehlende Auseinandersetzung mit Macht selbst als Säule, die das System stützt.

Im Zentrum lehramtlicher Theologie steht das Weiheamt, dem im Machtgefüge der Kirche Leitung vorbehalten ist, von der Lai*innen also ausgeschlossen sind. Durch die Studien zum Umgang mit sexualisierter Gewalt[10] und das Offenlegen ihrer Vertuschung ist dieses Amtsverständnis in die Krise geraten.[11] Durch das Versagen im Umgang mit sexualisierter Gewalt wird der Zusammenhang von kirchlichem Handeln und Macht nunmehr auch in kirchlicher Praxis stärker reflektiert.

Dank der Arbeiten von Doris Reisinger wurde der Fokus daneben auch auf eine andere Form von Machtmissbrauch gerichtet: den spirituellen Machtmissbrauch.[12] Macht über Gottes*- und Menschenbilder bedeutet, Macht über Menschen, ihre Geschichten und Lebensdeutungen haben zu können.[13] Allzu sicheres Reden von Gott* birgt das Gefahrenpotential, de facto Machtansprüche zu erheben, und ist oft verbunden mit bestimmten normativen Vorstellungen davon, wie der Mensch zu sein hat, die der Komplexität menschlicher Realität nicht entsprechen. Dies verbunden mit einem kirchenrechtlich abgesicherten

Interpretationsmonopol göttlichen Willens öffnet spirituellem Machtmissbrauch Tür und Tor. Die effektivste Art und Weise, spirituellen Machtmissbrauch zu verhindern, sieht Doris Reisinger darin, die spirituelle Handlungsfähigkeit aller Gläubigen zu stärken.[14] Mit dem von ihr geprägten Begriff der „spirituellen Selbstbestimmung“[15] ist für uns die Grundvoraussetzung für eine andere Kirche gelegt, die unabhängig von klerikalen Strukturen von Gott* als Befreier*in erzählen kann. Diese Rede von Gott* versteht sich ganz im Sinne der biblischen Weihnachtsbotschaft, die von eine*m Gott* handelt, welche*r nicht übermächtigt, sondern ermächtigt. Ein solches Gottes*bild traut dem Menschen zu, über sich selbst zu bestimmen und sich und sein Leben selbst zu deuten.[16] Von der spirituellen Autonomie her gedacht, ist jedes Reden von Gott* nur ein Angebot und jede Erzählung von Gott* sich dessen bewusst, nur eine Perspektive von vielen zu sein – in einer spirituell und weltanschaulich pluralen Welt. Eine solche Erzählung von Gott* weiß um den Auftrag an sich selbst, sich immer wieder neu kritisch zu prüfen.

Die Weihnachtserzählung birgt heute noch das Potential, als ein Gesprächsangebot Gottes* gelesen zu werden: Das hilflose Baby im berühmtesten Stall der Welt hofft auf eine Liebe, die wie in jeder Beziehung das Gegenüber erst einmal kennenlernen und mit neugierigen Augen von ihm lernen will.

Für die römisch-katholische Kirche bedeutet das: Weihnachten kann es erst werden, wenn auch sie sich um die Freundschaft mit den Menschen bemüht, die überhaupt noch einen Weg mit ihr gehen wollen. Dazu gehört, dass sie sich Schuld und Fehler eingesteht und um Entschuldigung bei allen bittet, deren Grenzen und Würde sie durch Diskriminierung und Gewalt verletzt hat.

Für eine zukunftsfähige Kirche ist sie dabei als soziale Größe gefragt: Es gilt missbrauchsbegünstigende Strukturen abzubauen, sensibel zu werden in Bezug auf Diskriminierungen hinsichtlich gender, class und race[17] und die Forderungen für eine Kirche ohne Angst[18] zu erfüllen.

Weihnachten kann es erst werden, wenn kirchliche Strukturen nicht mehr diskriminieren. Eine solche Kirche scheut nicht die Begegnung mit den Menschen in ihrer Vielfalt, sondern sucht sie aktiv – genau wie Gott*. Das zieht die Notwendigkeit einer konkreten Selbstverpflichtung nach sich, die Kehrtwende von einer lehrenden zu einer lernenden Kirche auch institutionell zu vollziehen. Erst dann kann in den weihnachtlich geschmückten, funkelnden Gotteshäusern wieder glaubwürdig von der unbedingten Liebe Gottes* gesprochen werden. Weihnachten wird es für uns, wenn wir nicht mehr länger sagen müssen: „Mein Gott* diskriminiert nicht. Meine Kirche schon."

Anmerkungen

[1] Vgl. www.meingottdiskriminiertnicht.de (Zugriff: 03.05.2022).

[2] Vgl. *M. Striet*, Striet antwortet Kasper. Strukturreform und Gottesfrage nicht trennen [25.09.2019], online: https://www.katholisch.de/artikel/23044-striet-antwortet-kasper-strukturreform-und-gottesfrage-nicht-trennen (Zugriff: 03.05.2022).

[3] CE 4.1/CV 3.7, *Teresa von Ávila*, Weg der Vollkommenheit. Erstfassung (Manuskript von El Escorial), in: U. Dobhan OCD/ E. Peeters OCD (Hrsg.), Teresa von Ávila. Werke und Briefe: Gesamtausgabe. Band I: Werke, Freiburg i. Br. 2015, 871–1064, 887.

[4] Vgl. *I. Raming*, 55 Jahre Kampf für Frauenordination in der katholischen Kirche. Eine Pionierin hält Rückschau: Personen – Dokumente – Ereignisse – Bewegungen, Münster u. a. 2018, 24–28.

[5] Methode „Pillars of Power" bei Beautifultrouble: https://beautifultrouble.org/toolbox/tool/pillars-of-power/ (Zugriff: 03.05.2022).

[6] Vgl. *M. Gräve/H. Johannemann/M. Klein* (Hrsg.), Katholisch und queer, Paderborn 2021.

[7] Vgl. *Kongregation für das Katholische Bildungswesen*, „Als Mann und Frau schuf er sie", Für einen Weg des Dialogs zur Gender-Frage im Bildungswesen, in: VApS 230 (2019).

[8] Vgl. zur Analyse und Kritik dieser Argumentation insb. *T. Heimerl*, Andere Wesen. Frauen in der Kirche, Wien/Graz/Klagenfurt 2015.

[9] Vgl. *Ch. Florin*, Trotzdem! Wie ich versuche, katholisch zu bleiben, München 2020, 77.

[10] Vgl. MHG-Studie „Sexueller Missbrauch an Minderjährigen durch katholische Priester, Diakone und männliche Ordensangehörige im Bereich der Deutschen Bischofskonferenz" [2018], online: https://www.dbk.de/fileadmin/redaktion/diverse_downloads/dossiers_2018/MHG-Studie-gesamt.pdf (Zugriff: 03.05.2022).

[11] *M. Striet*, Alles eine Frage der Berufung? Über Kirche und Macht, in: S. Kopp (Hrsg.), Macht und Ohnmacht in der Kirche. Wege aus der Krise, Freiburg i. Br. 2020, 148–162, 160.

[12] Vgl. *D. Wagner*, Spiritueller Missbrauch in der katholischen Kirche, Freiburg i. Br. 2019.

[13] Über die komplexen Zusammenhänge von spirituellem und sexuellem Missbrauch: *B. Haslbeck/R. Heyder/U. Leimgruber/D. Sandherr-Klemp* (Hrsg.), Erzählen als Widerstand. Berichte über spirituellen und sexuellen Missbrauch an erwachsenen Frauen in der katholischen Kirche, Münster 2020.

[14] Vgl. *D. Wagner*, Spiritueller Missbrauch (s. Anm. 12), 163.

[15] Ebd., 40.

[16] Vgl. ebd., 42.

[17] Vgl. *S. Vecera*, Wie ist Jesus weiß geworden? Mein Traum von einer Kirche ohne Rassismus, Ostfildern 2022.

[18] Vgl. *M. Brinkschröder/V. Gräwe/B. Mönkebüscher/G. Werner/J. Ehebrecht-Zumsande* (Hrsg.), Out in Church. Für eine Kirche ohne Angst, Freiburg i. Br. 2022. Die Kampagne online unter: https://outinchurch.de (Zugriff: 03.05.2022).

Vor verschlossenen Türen

Daniela Ordowski

Maria und Josef standen vor verschlossenen Türen, hochschwanger und auf der Suche nach einer Unterkunft. Niemand wollte sie hereinlassen, obwohl sie in Not waren und kurz vor einer Geburt standen. Zu ungewiss war den Wirten die Situation, zu beschwerlich erschien es ihnen, die Familie bei sich aufzunehmen. Wie viel Angst müssen Maria und Josef durchgestanden haben in dieser Nacht, die von Unsicherheit und Zweifeln geprägt war? An wie viele Türen sie wohl geklopft haben, in der Hoffnung, die Nächsten würden ihnen Obhut gewähren? Hilflos, ohne Rechtsanspruch, als Bittsteller*innen standen Maria und Josef vor verschlossenen Türen.

An Weihnachten ist es dieses Bild, das sich festgesetzt hat. Neben der Wärme des Wohnzimmers, dem flackernden Feuer im Kamin, dem guten Essen und dem Zusammensein mit der Familie: das Bild der verschlossenen Türen. In meiner Familie ist es an Weihnachten Tradition, für eine weitere Person den Tisch zu decken. Schon als Kinder haben wir ganz selbstverständlich den Tisch mit einem weiteren Gedeck bestückt, falls jemand an unsere Tür klopfen würde. Wir wollten vorbereitet sein. Wir wollten immer Platz an unserem Tisch haben. Wenn jemand vor unserer Tür stehen würde, so verstehe ich diese Tradition, sollte dies ein Versprechen sein, die Person nicht abzuweisen. Ihr einen Platz an unserem Tisch anzubieten und Essen und Trinken, unser Zuhause, zu teilen. In meinen frühen Kindheitserinnerungen fühlte es sich wie eine liebliche Tradition an – fast schon wie ein Überbleibsel aus vergangenen Zeiten –, die mit Geschichten meiner Großmutter aus dem Krieg begründet schien. Je älter ich wurde, umso deutlicher schien mir ihre unabdingbare Notwendigkeit.

Wie oft stehen Menschen vor verschlossenen Türen

In den letzten Jahren kam zu den gesellschaftlichen Nöten, die Menschen so häufig vor verschlossenen Türen, vor geschlossenen Grenzen und Mauern stehen lassen, auch die bittere Gewissheit, dass die Kirche, in der ich beheimatet bin, Menschen die Tür vor der Nase zuschlägt.

„Du bist nicht katholisch." Und die Tür wird zugeschlagen. „Mit deiner Kritik an den Machtstrukturen der Kirche, machst du sie nur kaputt." „In der Kirche können Frauen nicht gleichberechtigt sein." „Der Missbrauch in der Kirche hat nichts mit den Strukturen zu tun – alles Einzelfälle."

Immer wieder stehen wir vor verschlossenen, gar verbarrikadierten Türen dieser Kirche und klopfen uns die Finger wund. Wir klopfen an die großen Pforten der noch größeren, steinernen Kirchengebäude. Immer wieder sprechen wir uns gegenseitig Mut zu, wollen die Hoffnung nicht verlieren. Wir klopfen weiter, klopfen immer stärker, bis uns die Kraft verlässt. Wir stehen fassungslos vor den Türen und können nicht glauben, dass all unsere Mühen aussichtslos zu sein scheinen. Plötzlich öffnet jemand die Tür, nur einen Spalt breit. Natürlich würde man uns hineinlassen. Nur leise müssten wir sein. Andächtig gehen wir hinein, die wir uns abgemüht haben. Man zeigt uns unsere zugewiesenen Plätze. Jede*r hat hier seinen*ihren zugewiesenen Platz. Und so schön wohlig warm ist es hier. Einige sind draußen geblieben.

So fühlt es sich manchmal für mich an in dieser Kirche. Diese Kirche, die am Ambo stehend von offenen Armen predigt.

Kritik als Zeichen der Liebe

Die verschlossenen Türen der katholischen Kirche sind mir in den letzten Jahren an sehr vielen Stellen begegnet. Ich kann persönlich nicht mehr mitzählen, wie oft man mir gesagt hat, ich sei nicht katholisch, aufgrund meiner Kritik, die ich an den Strukturen der Kirche übe. Weil ich mich gegen Diskriminierung auflehne. Weil ich glaube, dass Kritik ein Zeichen der Liebe ist und dass es sich immer lohnt, für Menschenrechte einzutreten. Ich würde lügen, wenn ich sagen würde, dass ich trotz meiner tiefen Verwurzelung im Glauben nicht jedes Mal verletzt bin, wenn ich diese Worte höre. Wenn ein Priester mich zum Beweis für meinen Glauben dazu auffordert, das Credo vor ihm zu beten. Er mit meinen Eltern sprechen möchte, weil ich aufgrund meiner geäußerten Kritik niemals katholisch erzogen worden sein kann. Wenn Briefe aus dem Vatikan eintrudeln, die Druck ausüben, eine Äußerung zurückzunehmen, weil uns sonst die Unterstützung entzogen wird. Wenn Frauen systematisch diskriminiert werden, Homosexualität als Sünde gilt und wenn das Wort des Klerikers immer am meisten zählt. Seit dem Jahr 2020 bin ich Teil der Synodalversammlung. Als eine der fünfzehn Personen unter dreißig Jahren, die über den Bund der Deutschen Katholischen Jugend (BDKJ) in die Synodalversammlung gekommen sind, versuche ich insbesondere die Stimmen junger Menschen zu vertreten. Als Bundesvorsitzende der Katholischen Landjugendbewegung (KLJB) bin ich in einem Jugendverband sozialisiert, in dem wir demokratische Strukturen leben und sie auch in Kirche erlebbar machen. Der Partizipationsanspruch, den wir in unseren Jugendverbänden verinnerlichen, ist für mich eine wichtige Möglichkeit, allen die Teilhabe an der Sendung der Kirche zu ermöglichen. „Als demokratisch strukturierte Jugendverbände leben wir eine partizipative und dialogische Kirche, in der Getaufte, Gefirmte und alle Menschen guten Willens Entscheidungen nicht nur vorbereiten, sondern sie auch treffen und dafür Verantwortung übernehmen. Möglichkeiten der Beteiligung und Machtkontrolle sind bei uns transparent geregelt und wir verstehen Macht- und Herrschaftskritik als Teil unseres Gottesglaubens."[1] Unser Anspruch an Teilhabe, Machtkontrolle, Rechenschaftspflicht und Transparenz ist also eng verknüpft mit unserem Glauben und wie wir ihn gemeinschaftlich leben möchten.

Klerikalismus auf dem Synodalen Weg

Der Synodale Weg, ein Prozess, der auf Augenhöhe zwischen Klerikern und Lai*innen geführt werden soll, ist allerdings darauf ausgelegt, dass es immer eine Zwei-Drittel-Mehrheit der Bischöfe braucht. Er hat keinerlei rechtlich bindende Kraft und stellt uns in die Abhängigkeit, dass die Umsetzung im guten Willen der Bischöfe begründet liegt. Wohin wir also in der katholischen Kirche schauen, selbst an die heller beleuchteten und schön in Szene gesetzten Orte, wie den Synodalen Weg: Der Klerikalismus ist deutlich sichtbar. Wir verstehen heute unter Klerikalismus oftmals ungerechtfertigte Macht- und Überlegenheitsansprüche von Klerikern oder klerikalen Gruppen gegenüber den „einfachen" Mitgliedern der eigenen Kirche.[2] Dieser Machtanspruch wird in Sitzungen der Synodalforen sichtbar, in der Arbeit in den Gemeinden vor Ort oder in Gesprächen mit Bischöfen. Diese Überhöhung, diese in Inanspruchnahme von Macht über andere, führt zu Machtmissbrauch, Ignoranz und einer Kultur der Angst. Es ist ein grundlegendes Problem dieser Kirche, den Machtmissbrauch und Klerikalismus nicht als systemische Problematik anzuerkennen und grundlegend zu hinterfragen.

Papst Franziskus sieht im Klerikalismus, also der Überhöhung der Kleriker, einen Grund für Machtmissbrauch und schreibt in seinem Brief an das Volk Gottes vom 20. August 2018 dazu, dass alle Glieder des Volkes Gottes zur aktiven Teilnahme gegen Verhaltensweisen des sexuellen wie des Macht- und Gewissensmissbrauchs aufgerufen sind.[3]

Im Laufe der Geschichte hat eine sakrale Überhöhung des Priesters in der katholischen Kirche stattgefunden, die aus dem sakramentalen ein sakralisiertes Amtsverständnis werden ließ. Mit der Kirche eng verknüpft ist eine religiöse Aufladung von Macht, eine Sakralisierung des Weiheamtes, eine Stilisierung von Gehorsam und Hingabe.[4] „Wenn die eigene Erwählung als ‚Ritterschlag Gottes' – in Absetzung zu den übrigen Getauften – missverstanden wird, beginnt klerikale Überheblichkeit. Dann handeln Priester nämlich nicht nur bei der Sakramentenspendung ‚in persona christi', sondern scheinbar immer."[5] Klerikalismus gilt als ein zentraler Grund für den Missbrauch durch Priester in der Kirche. Gegenüber der Deutschen Bischofskonferenz sagt Gregor Maria Hoff dazu: „Die katholische Kirche befindet sich angesichts ihres Missbrauchsproblems in einer Sakralisierungsfalle. Der sakramentale Code greift immer – das ist seine Stärke. Er kann alles bestimmen – aber er droht gegenüber der Sakralmacht, die er voraussetzt, blind zu bleiben, indem er sie beansprucht. Man entkommt diesem Systemproblem nicht anders als durch Gewaltenteilung – durch Machtkontrolle von außen, durch kirchliche Gewaltenteilung von innen her. Sie widersetzen sich der Verselbständigung einer unheiligen Macht, die an ihre Heiligkeit noch glauben kann, wenn sie diese missbraucht."[6]

Die Kirche, in der ich beheimatet bin, hat also ein Machtproblem. Ein Problem damit, Macht zu teilen statt sie ständig als Dienst zu tarnen. Es muss deutlich aufgezeigt werden, wo Machtmissbrauch geschieht, um ihn verhindern zu können. Ich möchte nicht weiterhin in einer Kirche leben, in der es immer vom guten Willen des Klerikers abhängt, ob mir Türen geöffnet werden oder nicht. Es darf nicht sein, dass wir die Menschenrechte an den Kirchenmauern abprallen lassen und Menschen vor verschlossener Tür zurücklassen. All jene, die von der Kirche diskriminiert werden und die ihre Berufung nicht leben können. Menschen, die sexualisierte Gewalt erfahren haben und denen keine Gerechtigkeit widerfährt. Hinter Türen können sich Geheimnisse verbergen oder sie können ein Sinnbild für Offenheit sein. Diese Kirche gehört nicht den hohen Kirchenherren, auch wenn sie glauben, über Macht und die Mittel unkontrolliert verfügen zu können. Sie gehört nicht denjenigen, die Menschen ausschließen, den Vertuscher*innen und denen, die Menschen aufgrund ihrer sexuellen Orientierung, ihrer Lebensform oder ihres Geschlechts diskriminieren. Eine gerechte Kirche muss offene Türen haben und ihre Schlüssel dürfen nicht in den Händen der 0,1 Prozent liegen, die sich selbst in der alleinigen Nachfolge Jesu sehen.

Öffnet die Kirchen für alle

„Sie wird aufgehen“, sagt Jesus in seiner Bergpredigt. „Bittet, so wird euch gegeben; suchet, so werdet ihr finden; klopfet an, so wird euch aufgetan.“

Einige Male habe ich bereits überlegt, ob ich vor der falschen Tür stehe. Vielleicht klopfe ich einfach an die falsche Tür an. Auch in der Weihnachtsgeschichte war es schlussendlich eine andere, unerwartete Tür, die offen stand. Maria und Josef haben sicherlich nicht geglaubt, dass sie ihren Sohn in einem unhygienischen Stall zur Welt bringen würden, und doch war es genau der richtige Ort für die Geburt Jesu. Die Tür stand offen, nur war es eine andere als die, auf die sie gewartet haben.

Muss es für uns an Weihnachten vielleicht genau darum gehen? Um eine Botschaft, die nicht in das herrschende System passt und Machtsysteme hinterfragt? Die Türen eintritt, oder eben einfach andere Türen sucht. Vielleicht kann es dann wieder Weihnachten werden, wenn wir die Botschaft sichtbar machen, sie hell von Sternen erleuchten lassen. Wenn wir die Botschaft außerhalb des herrschenden Systems betrachten. Wenn ich das tue, sehe ich schon jetzt ganz deutlich, dass sie im Stall so viel besser aufgehoben ist als in einem prunkvollen Palast. Die Botschaft unseres Glaubens, mitten unter den Menschen, mitten in der Schöpfung, ganz losgelöst von Machtansprüchen und Hierarchien. Wie kraftvoll die Botschaft sein könnte, so frei, wo kein enges Wertekorsett ihr die Luft abschnürt, hohe Mauern sie zu schützen versuchen und sie dadurch unsichtbar machen. Sie abschirmen von den Menschen. Lisa Kötter schreibt dazu: „Öffnet die Kirchen, für alle! Hört auf zu gehorchen! Macht die Kirchen zu Menschenorten! Zu Aufwärmorten für die Heimatlosen, zu Kaffeeorten für die Einsamen, zu Vertrauensorten für die Kontrollierten! Baut Küchen hinein und deckt große Tische! Räumt die Bänke raus, schafft Raum für Neues! Gebt die Schlüssel großzügig und voll Gottvertrauen den Menschen! Sie wissen schon, was sie brauchen! Dann ist das ‚Reich Gottes' nur eine Haaresbreite entfernt."[7] Weihnachten kann wieder werden, wenn wir gemeinsam genau diesen sicheren Ort schaffen, so wie der Stall einer war. Wir brauchen einen Ort, an dem die Türen weit offen stehen, umgeben von Menschen, die das herrschende System nicht stützen wollen.

Anmerkungen

[1] https://www.bdkj.de/fileadmin/bdkj/bdkj/gremien/hauptversammlung/hv2022/Beschluss_Grundsatzprogramm.pdf, Z. 94f. (Zugriff: 23.04.2022).

[2] Vgl. *H. Häring*, https://www.hjhaering.de/was-ist-klerikalismus/ (Zugriff: 27.04.2022).

[3] Vgl. *F. Mitterer*, Ordens-Gehorsam im Kontext von Menschenwürde und Menschenrechten, Luzern 2020, 96.

[4] Vgl. *J. Knop*, https://www.domradio.de/artikel/theologen-ueber-sakralisierte-macht-der-katholischen-kirche (Zugriff: 25.04.2022).

[5] *B. Kopp*, https://www.feinschwarz.net/strukturelle-facetten-des-klerikalismus/ (Zugriff: 28.04.2022).

[6] *G. M. Hoff*, https://www.dbk.de/fileadmin/redaktion/diverse_downloads/presse_2019/2019-038c-FVV-Lingen-Studientag-Vortrag-Prof.-Hoff.pdf (Zugriff: 23.04.2022).

[7] *L. Kötter*, Können Sie in dieser Kirche bleiben, in: Zeit Online, https://www.zeit.de/gesellschaft/2022-01/kirchenaustritt-katholische-kirche-enthuellungen (2022).

Stille Macht, heilige Macht!
Das einsame Wachen der Kirche über ihre Macht und was erwachen muss

Gregor Podschun

Jedes Jahr feiern viele Menschen Weihnachten. Es ist das Fest der Geburt Jesu, gilt als Fest der Liebe und als Fest des Schenkens, der Aufmerksamkeit, des Beisammenseins, der Besinnlichkeit und der Ruhe. Das Bild des friedlichen Weihnachtsfestes hält sich hartnäckig, dabei muss die Realität damals anders ausgesehen haben – und sie tut es auch heute.

Stille Nacht?

Maria war schwanger und mit ihrem Mann Josef unterwegs. Vermutlich war es staubig und die Wege in einem schlechten Zustand. Josef musste gerade erst verarbeiten, dass seine Partnerin schwanger ist, ebenso wie Maria selbst. Beide fanden keine angemessene Unterkunft und ihr Kind kam in einer Krippe zur Welt. Auch heute sind Geburten anstrengend und eine körperliche und mentale Höchstleistung, damals muss dies noch um einiges kraftraubender und gefährlicher gewesen sein. Und neugeborene Kinder können auch eine Herausforderung für Eltern sein. Gleich im Anschluss an diese Erfahrung folgt eine Flucht aus Todesangst. Das ursprüngliche Weihnachtsfest war geprägt von Herausforderungen und Ängsten, es herrschte Ungewissheit und ein Kampf ums Überleben.

Heute sieht es für viele Menschen nicht anders aus – egal, ob sie Weihnachten feiern oder nicht, ob und welcher Religion sie angehören und auf welchem Kontinent sie leben. Menschen verbringen die Tage, an denen Weihnachten gefeiert wird, ohne Obdach auf der Straße, im Kampf ums Überleben in Hungersnöten, allein in Gefängnissen, mit Qualen und Ängsten aus unterschiedlichsten Gründen, in Kriegen und Konflikten, auf der Flucht, mit gefährlichen Krankheiten, in Armut, in Streit, mit einer Sucht. Das friedvolle Weihnachtsfest ist eine Konstruktion von Menschen, denen es vergleichsweise gut geht. Es kann aber auch die Sehnsucht nach einer besseren Lebenssituation bedeuten.

Das Weihnachtswunder

Aber genau da zeigt sich Weihnachten: Gott wird Mensch. Gott wird Mensch in diese Welt hinein, die solche Erfahrungen bereithält. Und Jesus macht diese Erfahrungen auch. Jesus war ein Kind, ein Jugendlicher, ein junger Erwachsener – vermutlich mit Auseinandersetzungen in der Pubertät, mit Lern- und Trotzerfahrungen, mit Experimentieren und harter Arbeit und dem Entdecken des eigenen Weges. Er musste flüchten. Ferner war seine Familie nicht besonders reich. Er hat Leid erfahren. Er war mit dem Tod von Freund*innen und Verwandten konfrontiert. Gott, diese*r unendliche, undenkbare, ungreifbare Gott, die*der immer war und immer sein wird, begibt sich in diese begrenzte Welt, in diese physischen Abhängigkeiten hinein, aus Liebe zu den Menschen. Gott macht sich so unfassbar viel kleiner als Gott eigentlich ist, in einem Kind, in einem Jugendlichen, in einem jungen Erwachsenen, in einem zum Tod Verurteilten, Gefolterten, Ermordeten. Und Gott macht sich weiter klein bis hinein ins Brot – ein Mensch könnte es von der Hand werfen und darauf herumtrampeln.

Hier liegt der Kern des Wunderbaren an Weihnachten. Denn Gott lässt mir die Wahl, das Brot als Heilige Kommunion zu begreifen oder es eben zu zerstören. Gott ließ den Menschen damals die Wahl, Jesus zu folgen oder ihn zu foltern und zu töten. Wir haben als Menschen die Wahl – wir leben in Freiheit! Wir können uns entscheiden, gestalten, selbst denken und handeln und können trotz allem, trotz möglicher ethischer Fehlentscheidungen immer wieder befreit werden. Und damit lohnt es sich einzutreten für das Gute, für die Menschen, dass jede*r ihre*seine Freiheit verwirklichen kann.

Und dann kommt die katholische Kirche

In der Düsternis der Realität braucht es genau die Hoffnung, die Weihnachten schenken kann. Es braucht eine Kirche, die Menschen in diesen Situationen beisteht, sie nicht allein sein lässt, die sich hineinbegibt in die schrecklichsten menschlichen Situationen, so wie es Gott getan hat. Es braucht eine Kirche, die sich genauso klein und Menschen genauso frei macht und so das Evangelium wahrhaftig lebt und umsetzt.

Doch diese Kirche gibt es nicht. Stattdessen zeigt sie sich als eine katholische Kirche, der es leider nicht um die Freiheit der Menschen geht. Über Jahrhunderte hat sie sich als eine Institution aufgebaut und strukturiert, in der die offiziellen Vertreter – vorrangig Priester und Bischöfe – in machtvollen Positionen über andere bestimmen, die Entscheidungen treffen, Normen setzen und das Leben deuten. Sie zeigt sich als eine Kirche, die Gewalt und Leid selbst verursacht und genau das Gegenteil von dem tut, was ihr an Weihnachten aufgetragen wurde. Unzählbare Menschen werden von der Kirche unter Druck gesetzt, weil sie um ihr Heil fürchten. Die Kirche diskriminiert nicht nur nicht-heterosexuelle, nonbinäre und Trans-Personen, nicht nur FLINTA-Personen, sondern so viele weitere Menschen, die nicht ihren Regeln entsprechen können oder wollen. All dies gipfelt in der sexualisierten Gewalt, dem sexuellen Missbrauch, dem spirituellen Missbrauch und dem Machtmissbrauch – ausgeübt, zugelassen und geschützt durch die römisch-katholische Kirche. Diese Kirche wird dem Evangelium, der frohen Botschaft von Weihnachten, keinesfalls gerecht.

Umkehr?

Nicht alle Kirchenvertreter sind schlechte Menschen und schon gar nicht sind alle Priester Täter. Die Kirche und ihre Vertreter bewirken viel Gutes in der Welt und verkünden das Evangelium mit Taten und Worten. Doch die sexualisierte Gewalt ist strukturell und systemisch in die Kirche eingewoben. Alles, was Personen in der Kirche tun, hat somit auch mit dem Macht- und Missbrauchssystem zu tun. Die Kirche ist eine Täterorganisation. Daher ist es so wichtig, die Kirche radikal zu verändern – das Problem eben an den Wurzeln zu fassen und die Risikofaktoren sexualisierter Gewalt zu beseitigen. Insbesondere in Deutschland will die Kirche einen Weg der Umkehr gehen und hat daher den Synodalen Weg initiiert. Die Verantwortlichen beraten und beschließen viele gute Ideen und notwendige Veränderungen, und viele Bischöfe und Priester stehen hinter den Reformbemühungen. Zugleich wird aber auch immer wieder die Glaubwürdigkeit der Kirche in diesem Zusammenhang propagiert. Dies ist nur allzu verständlich, will die Kirche doch das Evangelium verkünden. Es gilt jedoch zu bedenken, dass die Glaubwürdigkeit und die Möglichkeit der Verkündigung eine Folge des richtigen Handelns ist und nicht ihr Grund. Die Kirche muss sich verändern, weil sie Leid und Gewalt verursacht und nicht, um glaubwürdig und attraktiv zu sein. Die Kirche muss Menschenrechte achten und Diskriminierung beenden, weil es ethisch geboten ist und dem Evangelium entspricht und nicht, um mehr Menschen (wieder) zu erreichen. Die Verbreitung der Frohen Botschaft ist kein Eigenzweck, sondern geschieht im Handeln, in Haltung und Werten. Diese Verkündigung zu fördern und dabei aufrichtig zu sein, ist eine Folge der richtigen, guten Position und der Umsetzung im Tun.

Zentralisierung und Personenkult

Leider findet sich diese Einstellung viel zu selten bei Kirchenvertretern und fast gar nicht in Rom. Deswegen ist es umso wichtiger, dass für die deutschen Entscheidungsträger in der Kirche die Verhinderung von Leid und Gewalt an erster Stelle stehen muss. Es wäre unerträglich, weiterhin sexualisierte Gewalt und Missbrauch zuzulassen, nur weil Rom, nur weil ein einziger Mensch (der Papst) Reformmaßnahmen nicht duldet. Erschreckenderweise ist, seitdem mehr und mehr das Ausmaß der sexualisierten Gewalt im Bewusstsein der Öffentlichkeit angekommen ist,
 fast keine Maßnahme im Vatikan beschlossen worden, die

die strukturellen und systemischen Ursachen sexualisierter Gewalt bekämpfen würde. Ganz im Gegenteil, die Aussagen von Papst Benedikt XVI. und Papst Franziskus legen nahe, dass sie den Kern des Problems nicht erfasst haben und sie weiterhin versuchen, die Institution römisch-katholische Kirche zu stützen und zu schützen. In der katholischen Ordnung hat eine einzige Person auf dieser Welt die Macht, wirklich etwas zu verändern. Natürlich ist bekannt, dass der Papst sich in einem Geflecht aus Berater*innen und Einflussnehmer*innen bewegt. Doch wäre es ihm ernst, so wäre die Erneuerung der Kirche bereits bedeutend vorangeschritten.

Doch das System erhält sich selbst. Die Kirche hält an ihrer Macht fest. Die ganze Kirche ist darauf aufgebaut. Ein Recht der Gläubigen gibt es nicht – Opfer kann nur die Kirche sein und nicht der Mensch. Über Jahrhunderte hat sich auf diese Weise eine Institution aufgebaut, die ganz ohne Gottesvolk existieren könnte. Umgekehrt kann es eine Kirche ohne Priester aber nicht geben. Das Kirchenrecht fokussiert sich auf die Macht der Institution und auf die eigenen Handelnden, die Priester. Hinzu kommt eine seit Jahren geförderte, spirituelle Überhöhung des Priesters, die Betonung seiner Wesensverschiedenheit, seiner Reinheit, seiner besonderen Stellung gegenüber der Gemeinde. Die MHG-Studie zeigt, dieser Klerikalismus ist eine der hauptsächlichen Ursachen sexualisierter Gewalt. Es ist ein geschlossenes System um einzelne Führungsfiguren entstanden – ja sogar eine einzige Führungsfigur im Papst –, welches sich selbst erhält. Und nur eine sehr kleine Gruppe von Menschen hat Zugang zu Ämtern in diesem System: heterosexuelle cis Männer, die studiert haben müssen, versprechen zölibatär und gehorsam zu leben, die physisch und psychisch gesund sind, die dem Bischof gefallen und „kirchentreu" leben. Das System ist perfekt – das Evangelium hat damit allerdings nichts zu tun.

Weihnachten kann erst werden, wenn …

Wie also kann in dieser Welt mit dieser Kirche Weihnachten werden?

Die Antwort ist überraschend simpel: durch das Evangelium. Weihnachten existiert, Gott ist Mensch geworden und hat sich klein gemacht. Gott hat sich radikal hineinbegeben in diese Welt und Gott reformiert diese Welt jeden Tag aufs Neue radikal – durch Liebe. Diese oben beschriebene Wahrheit gilt auch heute für die Kirche. Sie muss das Weihnachtswunder für sich entdecken, dieses Weihnachten, von dem sie behauptet, es zu vertreten.

Die Kirche muss Weihnachten wieder auf diese Weise leben: sich radikal hineinbegeben in die Situation, sie erkennen, annehmen und sich radikal verändern – ohne Rücksicht auf ihr Ansehen und ihre Glaubwürdigkeit, auf ihre Macht und ihre Vertreter, sondern wegen der Menschen. Die Kirche muss diese in ihrer Freiheit ansprechen, sie Mensch sein lassen.

Und Erkenntnisse und Informationen, wie das gelingen kann, müssen nicht erst gefunden und erarbeitet werden. Sie sind bereits vorhanden. Zuallererst, immer wieder neu und auch zuletzt kommen diese von den Betroffenen von Leid und Gewalt in der Kirche. Sie bezeugen ganz genau, was ihnen passiert(e) und wieso dies geschehen ist. Trotz allem Leid sind viele bereit, die Veränderung zu gestalten und konkrete Vorschläge für die Gestaltung der Kirche zu unterbreiten. Auch aus den Wissenschaften gibt es eindeutige Erkenntnisse. Beispielsweise zeigt die MHG-Studie sehr konkret, welche systemischen Ursachen es gibt und an welchen Stellen es Änderungen bedarf. Und nicht zuletzt wollen eine große Anzahl von Gläubigen an einer menschenfreundlichen und gerechten Kirche mitwirken. Die Menschen sind alle zum Gestalten und Mitwirken beauftragt, befähigt und sogar von Jesus dazu berufen. Dieses Potenzial muss die Kirche nutzen und Hierarchisierung von Entscheidungen und Macht hinter sich lassen. Weihnachten kann werden, wenn die Kirche sich wieder ein Beispiel am Evangelium nimmt – in Haltung, im Handeln, in Strukturen.

„Nichts ohne uns über uns!“ Weihnachten als Paradebeispiel der Inklusion

Julia Rath

Eine Rollstuhlfahrerin nutzt eine Rampe und kann so am Weihnachtsgottesdienst teilnehmen. Das Evangelium in Leichter Sprache wird von und für Menschen mit Behinderung herausgegeben. Behindertenpastorale Angebote gibt es in ganz Deutschland. Oberflächlich scheinen Menschen mit Behinderung auch in der Kirche mitgedacht zu werden. Doch wie steht es tatsächlich um die Inklusion in kirchlichen Strukturen?

UN-Behindertenrechtskonvention als Grundlage

Zunächst sei ein Blick auf die Grundlagen der Inklusion geworfen: Seit 2009 ist die UN-Behindertenrechtskonvention in Deutschland gültiges Recht. Sie folgt dem Grundsatz, dass „[d]ie Teilhabe von Menschen mit Behinderungen [...] ein Menschenrecht, kein Akt der Fürsorge oder Gnade“ ist.[1] Als Menschen mit Behinderung werden diejenigen verstanden, „die langfristige körperliche, seelische, geistige oder Sinnesbeeinträchtigungen haben, welche sie in Wechselwirkung mit verschiedenen Barrieren an der vollen, wirksamen und gleichberechtigten Teilhabe an der Gesellschaft hindern können“ (Art. 1 UN-BRK).[2] Dem sozialen Modell von Behinderung zufolge müssen sich nicht die einzelnen Behinderten, sondern die Gesellschaft ändern, um Teilhabe zu ermöglichen.[3] Dies betrifft natürlich auch die katholische Kirche.

Institutionalisiertes Othering

Menschen mit Behinderung werden in der Realität häufig nicht als vollwertige Mitglieder der Gesellschaft wahrgenommen, sondern als „die Anderen".[4] Dies zeigt sich beispielsweise am Wort der deutschen Bischöfe zur Situation der Menschen mit Behinderungen:

> „Die Begegnung mit behinderten Menschen und ihren Angehörigen kann für Christen zu einem Zeugnis werden, in der sie die Lebenszuversicht und den Lebenswillen von Benachteiligten in der Gesellschaft erfahren. Christen können in ihnen den Mut und die Lebenskraft jener Geheilten erkennen, deren Vertrauen in den Gott Jesu Christi für sie selbst neue Lebensperspektiven aufzeigte und den staunend Umherstehenden die Augen öffnete."[5]

Diese Aussage erinnert an Stella Youngs Konzept des „Inspiration Porn",[6] das hier christlich gefärbt ist: Menschen mit Behinderung dienen als Inspiration und Glaubensvorbild. Die Gruppe der „Christen" wird als nicht-behindert wahrgenommen und ist räumlich von Menschen mit Behinderung getrennt: Sie begegnen sich lediglich. Durch den Lebensmut verweisen sie auf die von Christus Geheilten und übersteigen somit die Kategorie der Behinderung. Behinderung ist also fremd und soll überwunden werden.

Ableismus und Exklusion

Es gibt zahlreiche ableistische Strukturen in der Kirche. Ableismus bezeichnet „eine gewisse Wahrnehmungs- und Erwartungshaltung von nicht-behinderten Menschen gegenüber behinderten Menschen“,[7] wobei sie ihre Vorstellungen als der Realität entsprechend annehmen. Des Weiteren bezieht sich Ableismus auf das „Verständnis von Normalität“,[8] in dem Behinderung meist nicht berücksichtigt wird. Ableismus wird durch Machtstrukturen zementiert und äußert sich im Bild von „abhängige[n] Wesen“, die „[s]auber, satt und still“ und vor allem dankbar sein sollen, „überhaupt leben zu dürfen.“[9]

Dieses Bild manifestiert sich bisweilen auch in Werkstätten für Menschen mit Behinderung, die dem Art. 27 der UN-Behindertenrechtskonvention, der das gleiche Recht auf Arbeit gewährleistet, widersprechen. Offiziell dienen sie der Qualifikation für den ersten Arbeitsmarkt, tatsächlich erreichen aber nur 1 % der Beschäftigten dieses Ziel. Sie haben keine Arbeitnehmer*innenrechte und erhalten nicht den Mindestlohn, sondern durchschnittlich nur 1,35 € pro Stunde.[10] Es gibt auch zahlreiche kirchlich gebundene Werkstätten und Wohnheime für Menschen mit Behinderungen. Auch wenn sie Menschen mit Behinderungen unterstützen wollen, schaffen diese Einrichtungen exklusive Sonderräume und behindern Menschen in der Entfaltung ihres Potentials.

Diese Exklusion in totalen Institutionen gepaart mit Ableismus kann lebensbedrohlich sein. Das Rechercheprojekt #AbleismusTötet dokumentiert Gewalt an Menschen mit Behinderungen in vollstationären Einrichtungen und weist nach, dass es sich – entgegen allen Beteuerungen – eben nicht um Einzelfälle, sondern um ein strukturelles Problem handelt.[11]

Im Weihnachtsgottesdienst wird die Menschwerdung Gottes gefeiert. Daher soll an diesem Beispiel auch der Stand der Inklusion in der katholischen Kirche evaluiert werden.

Möglicherweise können Rollstuhlfahrer*innen die Kirche erreichen, aber sitzen sie in den Reihen oder stehen sie abseits im Gang? Gibt es induktive Höranlagen oder Gebärdensprachdolmetscher*innen? Ist die Kirche mit taktilen Elementen ausgestattet oder wird in Leichter Sprache gepredigt? Eine Rampe oder das Projekt „Evangelium in Leichter Sprache“ bedingen noch keine Inklusion.

Auch ein Blick auf den Altarraum und die dort versammelten Akteur*innen lohnt sich: Zu den Anforderungen für Weihekandidaten gehören „andere der zu empfangenden Weihe entsprechende physische und psychische Eigenschaften“ (c. 1029). Zwar ist es verboten, eine geeignete Person vom Weiheempfang abzuhalten (c. 1026), aber es besteht kein Anspruch auf Ausbildung und spätere Weihe. Bestimmte psychische Erkrankungen gelten als Ausschlussgrund (cc. 1041, 1044). Gerade dieser Ermessensspielraum ist bedenklich, da jeder Bischof selbst entscheiden kann, welche Ausschlussgründe wirklich exklusiv sind und von welchen er dispensiert. Auch bei anderen pastoralen Berufen sind die Eignungskriterien variabel und vom Grad des Ableismus der zuständigen Vorgesetzten abhängig.

Vermutlich stehen also nur nicht-behinderte Personen im Altarraum. In den Bänken mag es vereinzelt Menschen mit Behinderung geben, diese stehen oder sitzen abseits und werden nicht umfänglich berücksichtigt.

Weihnachtliche Inklusionsverantwortung

Institutionalisiertes Othering, Ableismus und Exklusion widersprechen der weihnachtlichen Botschaft. Durch die Menschwerdung Jesu haben die Menschen eine Mitverantwortung für die Welt:

> „Das, was in der ersten Weihnacht und im gesamten irdischen Wirken Jesu aufgezeigt wurde, ist bezüglich der Verantwortung gegenüber den Mitmenschen Gabe und Aufgabe zugleich. Wir sind gefordert, auf das Handeln Gottes an und für uns durch eigenes Handeln, welches Heilsverantwortung für Mitmenschen bedeutet, zu antworten."[12]

Welche Konsequenzen hat diese weihnachtliche Verantwortung für Inklusion? Damit Weihnachten werden kann, müssen ableististische Strukturen in der Kirche umfänglich erkannt und aufgebrochen werden. Die Menschwerdung und die weihnachtliche Verantwortung anzunehmen, heißt auch die Vielfalt der Menschen wertzuschätzen, sie als Normalität anzuerkennen und zu fördern.

Behinderung als Stärke

Beispielsweise könnte es helfen, vom paulinischen Behinderungsverständnis auszugehen. Er versteht Behinderung als Stärke: „Deswegen bejahe ich meine Ohnmacht, alle Misshandlungen und Nöte, Verfolgungen und Ängste, die ich für Christus ertrage; denn wenn ich schwach bin, dann bin ich stark." (2 Kor 12,10) Paulus verkündet den gekreuzigten Jesus, das Symbol von Behinderung schlechthin. In der Behinderung zeigt sich auch Gottes Kraft. Jesus teilt die menschliche Schwäche und die Menschen haben so Anteil an seiner Auferstehung.[13] Die Behinderung wird angenommen und nicht mehr als fremd markiert.

Intersektionalität als Aufgabe

Akzeptanz genügt aber nicht, sondern zur Umsetzung der weihnachtlichen Verantwortung wird ein intersektionaler Ansatz benötigt. Dieses Konzept stammt von der Juristin Kimberlé Crenshaw und beschreibt Diskriminierungsformen mit dem Bild einer Straßenkreuzung. Beispielsweise können sich Sexismus und Rassismus bei der Diskriminierung Schwarzer Frauen kombinieren.[14] Im Bemühen um mehr Inklusion muss es also auch darum gehen, verschiedene Behinderungsformen und weitere Diversitätsmerkmale zu berücksichtigen. Werden beispielsweise Geflüchtete mit Behinderung oder queere Behinderte adäquat in der Kirche repräsentiert?

Nichts ohne uns über uns!

Mit einer intersektionalen Perspektive, die notwendigerweise auf allen Ebenen verankert sein muss, kann es gelingen, diese Vielfalt wahrzunehmen, bestehende Ungerechtigkeiten zu beseitigen und somit das wahre Weihnachten zu ermöglichen. Dabei muss auch das Prinzip „Nichts ohne uns über uns“ berücksichtigt werden. Die Teilhabe von Menschen mit Behinderung ist ein Menschenrecht. Sie sind Expert*innen in eigener Sache und nur wenn sie aktiv in Entscheidungsprozesse involviert werden, können die Strukturen auch verändert werden.

Eine inklusive Kirche respektiert die Gottesebenbildlichkeit *aller* Menschen. Somit könnte sie zum Vorbild für die Gesellschaft werden. Dadurch würde sie ihren weihnachtlichen Auftrag ernst nehmen. Auch Weihnachten selbst könnte zum Paradebeispiel gelungener Inklusion werden. Menschen mit Behinderung wären in allen Diensten und Ämtern am Gottesdienst beteiligt. Alle Menschen könnten Verantwortung füreinander übernehmen und so Kirche und Welt zum Positiven verändern.

Anmerkungen

[1] https://www.behindertenbeauftragter.de/DE/AS/rechtliches/un-brk/un-brk.html (Zugriff: 18.04.2022).

[2] *Beauftragter der Bundesregierung für die Belange von Menschen mit Behinderung* (Hrsg.), Die UN-Behindertenrechtskonvention. Übereinkommen über die Rechte von Menschen mit Behinderungen. Die amtliche, gemeinsame Übersetzung von Deutschland, Österreich, Schweiz und Liechtenstein, Stand: November 2018, veröffentlicht auf: https://www.behindertenbeauftragter.de/DE/AS/rechtliches/un-brk/un-brk.html (Zugriff: 18.04.2022).

[3] Vgl. *A. Waldschmidt*, Jenseits der Modelle. Theoretische Ansätze in den Disability Studies, in: D. Brehme/P. Fuchs/S. Köbsell/C. Wesselmann (Hrsg.), Disability Studies im deutschsprachigen Raum. Zwischen Emanzipation und Vereinnahmung, Weinheim 2020, 65.

[4] Vgl. zu Othering und Exklusion auch den Beitrag von Veronika Gräwe in diesem Band.

[5] *Sekretariat der Deutschen Bischofskonferenz* (Hrsg.), unBehindert Leben und Glauben teilen. Wort der deutschen Bischöfe zur Situation der Menschen mit Behinderungen (Die Deutschen Bischöfe 70), Bonn 12. März 2003, 23.

[6] https://www.ted.com/talks/stella_young_i_m_not_your_inspiration_thank_you_very_much (Zugriff: 23.04.2022).

[7] *T. Kollodzieyski*, Ableismus (Aufklärung & Kritik 527), Berlin 2020, 4.

[8] Ebd., 4–5.
[9] Ebd., 5.
[10] https://jobinklusive.org/2021/09/13/kritik-an-werkstaetten-fuer-behinderte-menschen-acht-punkte/. (Zugriff: 18.04.2022).
[11] Für weitere Informationen vgl. https://ableismus.de/toetet/de/ueber-das-projekt (Zugriff: 28.04.2022). Beispielsweise sei auf das Potsdamer Oberlinhaus verwiesen. In dieser diakonischen Einrichtung wurden Andreas K., Christian S., Martina W. und Lucille H. ermordet und Elke T. schwer verletzt. Julia Schönbeck spricht in diesem Kontext von christlichem Ableismus: „Es ist ein falsch verstandenes, gefährliches Konzept von Nächstenliebe, die zwischen ‚uns' und den Armen/Kranken/Obdachlosen/Hilfsbedürftigen/ ... trennt. Das von Erlösung spricht und davon Leid zu beenden, während es eigentlich um Mord und Tötung geht, die gerechtfertigt werden will.", https://www.lauterleise.de/2021/05/03/eine-theologische-herausforderung/ (Zugriff: 28.04.2022).
[12] https://y-nachten.de/2020/12/weihnachten-kann-erst-werden-wenn/ (Zugriff: 18.04.2022).
[13] *M. Albl*, „For Whenever I Am Weak, Then I Am Strong". Disability in Paul's Epistles, in: H. Avalos/S. J. Melcher/J. Schipper, This Abled Body. Rethinking Disabilities in Biblical Studies (SBL SemeiaSt 55), Atlanta 2007, 145–158, 157–158.
[14] *K. Crenshaw*, Demarginalizing the Intersection of Race and Sex: A Black Feminist Critique of Antidiscrimination Doctrine, Feminist Theory and Antiracist Politics, University of Chicago Legal Forum 1,8 (1998), 139–167, 141–143.

Wenn es ganz dunkel geworden ist

Doris Reisinger

Weihnachten wird es dann, wenn es ganz dunkel geworden ist. So dunkel wie jetzt. So dunkel, wie es für viele von uns schon lange nicht mehr war. Deswegen ist es ein Segen, dass Weihnachten bald kommt. Und so sehr es wünschenswert wäre, aber für viele werden es nicht Heile-Welt-Tage gedeckter Tische, fröhlicher Familien, strahlender Kinderaugen und majestätischer Jauchzet-Frohlocket-Pauken sein. Aber überall da, wo sich diese überschäumende Festtagsfreude nicht einstellen kann, wird dafür vielleicht mehr von der dunklen Hintergrundfolie sichtbar, die dem Fest seinen eigentlichen Klangraum gibt: Den großen Raum der Heilsgeschichte zwischen dem lange vergangenen Moment, an dem alles sehr gut war (Gen 1,31) – und dem Moment, wo endlich alles wieder gut sein wird (Offb 21,1–7). In diesem Dazwischen befinden wir uns jetzt. Und in diesem Dazwischen findet Weihnachten statt. Also genau da, wo es nicht gut ist. Wo für manche überhaupt nichts gut ist. In Finsternis und Todesschatten (Jes 9,1). Genau da gehört Weihnachten hin. Viele der klassischen Advents- und Weihnachtstexte sagen es uns ganz deutlich. Sie handeln von Gefangenschaft (Jes 40–55), Besetzung (Lk 2,1–21) und Flucht (Mt 2), sie sprechen von Angst und Gewalt, von Ausgeliefertsein und von Tränen. Sie sind getränkt mit allen Formen menschlichen Leids, die von den Glücklicheren unter uns in besseren Jahren vielleicht überhört werden, die aber nahe am Herzen der Menschen sind, die solches Leid am eigenen Leib erfahren haben und die mit Angst und Tränen vertraut sind. Dazu gehören gerade auch diejenigen, die in der Kirche sexualisierte und spiritualisierte Gewalt erlebt haben: Dieses Weihnachten ist ihr Fest.

Prophet*innen des Advent

Wenn man über die Geschichte kirchlicher Missbrauchsaufarbeitung in der Metapher des kirchlichen Jahreskreises spricht, dann ist es nun so langsam an der Zeit, dass es Weihnachten wird, denn Advent war es lange genug. Aber auch der Advent war für uns alle schon ein großer Schritt vorwärts. Denn bei vielen Menschen, die in der Kirche spiritualisierte und sexualisierte Gewalt erlebt haben, war es lange Zeit so dunkel, dass auch das schmalste Licht adventlicher Hoffnung keinen Schimmer in ihre Leben warf. Sie waren so sehr im Dunkel, dass sie für andere völlig unsichtbar waren. Sie hatten sich so sehr an Gewalt, Demütigung, Nicht-dazu-Gehören, Nicht-gehört-Werden und ständige Schmerzen gewöhnt, dass sie gar nicht mehr fühlen konnten, dass es so nicht sein sollte.

Wo ein Mensch nicht mehr weiß, dass er Gewalt nicht verdient hat, wo ein Mensch nicht mehr erlebt, dass er einen Wert hat, wo ein Mensch nicht mehr auf Besserung hofft, da herrschen wirklich Finsternis und Todesschatten. Da siegt das Narrativ der Täter. Aber dieses Narrativ ist eine Lüge. Und gegen diese Lüge erheben die Prophet*innen des Advent laut ihre Stimmen, mit Worten der Hoffnung, der Verheißung und des Trostes. Es sind Worte, die vor allem Eines klarstellen: Gott sieht euch. Er sieht, was geschehen ist und wie es euch geht. Ihr seid nicht für dieses Elend geschaffen, denn ihr seid Kinder Gottes. Ihr sollt getröstet werden. Euch soll geholfen werden. Und egal, wie undenkbar es scheint: Alles wird wieder gut werden.[1]

Genug Advent

Manche tragen diese Stimme ganz deutlich in ihrem eigenen Inneren. Aber in vielen Geschichten von Betroffenen gibt es konkrete Menschen, die diese prophetische Stimme für sie waren. Eine Person, der sie ihre Geschichte erzählen konnten, die ihnen geglaubt hat, die sie hat spüren lassen, dass sie das nicht verdient haben. Jemand, der mit ihnen geweint und sie getröstet hat und ihnen die Hoffnung geschenkt hat, dass alles wieder gut werden kann. Wo immer ein Mensch diese Hoffnung hat, wo er oder sie in seinem Herzen, mitten in dem Elend, in dem er oder sie persönlich steckt, darum weiß, dass es so nicht sein sollte und dass er oder sie für etwas Besseres geschaffen ist, da ist Advent: die Zeit der Spannung zwischen dem gegenwärtigen Leid und der erhofften Erlösung. Eine Zeit des Bittens, Flehens und Wartens. Die Zeit des Hoffens, dass man gehört wird, dass einem geglaubt wird, dass jetzt endlich Leid wieder gut gemacht und Gerechtigkeit wieder hergestellt wird. Manchmal ein Warten voller Hoffnung, mit Momenten voller Trost und sogar Vorfreude. Manchmal eine schwere Zeit, voller Erschöpfung und Verzweiflung und Wut. Diese Warte-Zeit hat für Betroffene nun schon sehr lange gedauert. Zu lange.

Weihnachten – nicht Ostern

Nun muss Weihnachten kommen. Und es kann jetzt nur Weihnachten kommen. Nicht Ostern. Nicht das himmlische Jerusalem. Zu hoffen, dass die Machthabenden in der Kirche bald – wie so oft wortreich angekündigt – wirklich umfassend aufklären und angemessen entschädigen, dass kirchliche Behörden mit der gebotenen Empathie agieren, dass sie das kirchliche Recht um das Konzept sexueller und spiritueller Selbstbestimmung erweitern, damit das kirchliche Strafrecht die Taten endlich als das würdigen kann, was sie sind: Verletzungen von Selbstbestimmung (und nicht Verstöße gegen klerikale Standespflichten). Zu erwarten, dass nun die Akten und die Verfahren öffentlich werden und Betroffene einen Anspruch auf anwaltliche Vertretung und Akteneinsicht haben, dass Bischöfe und Kurienkardinäle, die vertuscht haben, aufrichtig die Verantwortung dafür übernehmen und Päpste, die sich mitschuldig gemacht haben, nicht mehr als Heilige gefeiert werden, dass Medien, die über kirchliche Verbrechen berichten, nicht mehr von kirchlichen Anwälten mit Klagen überzogen werden, vor allem aber: zu erwarten, dass es in der Kirche nun endlich nicht mehr primär um den Machterhalt der Mächtigen geht, sondern um das Heil der Menschen, das Gott ihnen zugedacht hat, das hieße das himmlische Jerusalem erwarten. So weit sind wir nicht. Noch lange nicht.

Weihnachten wird im Stall – nicht im Palais

Aber es kann – immerhin – Weihnachten werden: Der Moment, in dem endlich viele begreifen, dass sich genau da, wo auf den ersten Blick nur Elend ist, gerade das alles entscheidende Wunder vollzieht. Bei den von Gott geliebten Menschen, die sich, ausgegrenzt von anderen, notdürftig mit allerhand Provisorien operierend, zusammengefunden haben und sich gegenseitig helfen und Mut machen. Bei den Menschen, die im Spiegel der Wunden ihres eigenen Lebens die eine entscheidende Wahrheit begriffen haben: Dass Gewaltherrschaft verkehrt ist und Gott sich im Kleid der Verletzlichkeit zeigt. Der Moment, in dem Hirten und Gelehrte sich auf den Weg machen, um ihnen ihre Gaben zu bringen. Nicht in den Palast des Herodes und auch nicht in die Häuser der Etablierten, sondern in den Stall. Dorthin, wo Engel Loblieder anstimmen, weil Gott das Heil für alle will und weil es greifbar wird, allen Verhinderungsversuchen der Mächtigen zum Trotz. Weihnachten kann erst werden, wenn Hirten und Gelehrte, Kirchgänger*innen und Pastoralreferent*innen, Pfarrer und Theolog*innen, Angehörige und Journalist*innen die Augen von den bischöflichen Palais abwenden und sich – nicht mit leeren Händen! – auf den Weg zum Stall machen, zu den Betroffenen, an den unwahrscheinlichen Ort des unwahrscheinlichen Wunders, auf das wir alle warten.[2]

Anmerkungen

[1] Freie Übersetzung aus dem gregorianischen Stundengebet: Consolamini, consolamini, popule meus: / cito veniet salus tua: / quare maerore consumeris, / quia innovavit te dolor? / Salvabo te, noli timere, / ego enim sum Dominus Deus tuus, / Sanctus Israël, Redemptor tuus.

[2] Erstveröffentlichung bei y-nachten.de am 21.12.2020.

Und sie zogen auf einem anderen Weg heim (Mt 2,12) – Die Geburt der Kirche als LGBT*-Heimat

Ruben Maximilian Schneider

Die Weihnachtsbotschaft erzählt von einem Kind, das nicht in die herrschende Ordnung dieser Welt passt. Schon bei seiner Geburt wird ihm mit Ausgrenzung begegnet: Es bekommt zu seinem Eintritt in die Welt in der Herberge keinen Schutzraum. Die Herbergsleute halten sich die schwangere Mutter vom Hals und schauen weg. Und die Protagonisten der herrschenden Ordnung wollen das Kind gleich ganz loswerden: Herodes will die Heilige Familie durch die Sterndeuter bespitzeln lassen, um das Kind zu finden und zu töten. Die Hohenpriester und Schriftgelehrten kollaborieren und liefern dem Machthaber die nötigen Informationen, um danach ihre Hände in Unschuld zu waschen. Sie wollen sich auf keinen Fall ihren heiligen Status und den Status ihrer Lehre durch dieses Kind gefährden lassen. Das Kind, das nicht in die herrschende Ordnung der Welt passt, offenbart die ganze Ängstlichkeit dieser Ordnung, die mit allen Mitteln versucht, sich vor dem Außerordentlichen, dem Ungeordneten zu schützen.[1]

Internalisierte LGBT*-Phobie: die Zerstörungskräfte des Ausgestoßenseins aus der herrschenden Ordnung

Auf dem Synodalen Weg diskutiert die römisch-katholische Kirche in Deutschland über ihre Ausgrenzung von uns nicht-heterosexuellen Menschen. Wir kamen mit einer psychosexuellen Orientierung in diese Welt, die nicht in die herrschende heteronormative Ordnung der Kirche passt. Nicht nur unsere Handlungen, auch unser innerstes Selbst gilt dem Lehramt als ‚objektiv ungeordnet': es beinhalte eine „*propensio obiective inordinata*"[2], eine objektiv ungeordnete Hinordnung auf ein intrinsisches Übel (d. h. es gibt keine möglichen Umstände, in denen nicht-heterosexuelle Handlungen moralisch gerechtfertigt wären). Nicht-heterosexuelle Menschen bekommen in der Kirche keinen echten Schutzraum. Viele von uns lernen von Kindheit und Jugend an, dass unsere Orientierung abartig und verabscheuungswürdig ist. Wir werden in die Selbstverleugnung des *closet*[3] getrieben, in welchem wir bespitzelt und erpresst werden können. Im Versteck des *closet* erfahren wir keine authentische Liebe, da alle Liebe nie unser verleugnetes Selbst erreicht. Wir lernen, dass unser inneres Selbst mit seiner Orientierung abgetötet werden müsse, um die ‚christliche Vollkommenheit'[4] zu erlangen. Dadurch internalisieren wir diese Verdammung, die so ein unbewusster und toxischer Teil unseres Selbstverständnisses werden kann (*internalized LGBT*-phobia*). Die Folgen sind tiefe Selbstabscheu, Selbsthass, Schuldgefühle, Traumatisierung, Angststörungen, Depressionen und Suizidalität. Man nennt das Gesamt dieser Folgen der Diskriminierung und Stigmatisierung das *Minority Stress Syndrome*. Diese psychischen und körperlichen Folgen erledigen für die herrschende Ordnung das Werk der psychischen und in manchen Fällen sogar der physischen (Selbst-)Tötung.[5] Und die gelehrten Verfechter der lehramtlichen Ordnung und ihrer Moral kollaborieren mit diesen Selbstzerstörungskräften und waschen ihre Hände in Unschuld.

Machterhaltende Retterfiguren statt Verbündete: die trügerische Barmherzigkeit der herrschenden Ordnung

Doch die Selbsterhaltungskräfte des zerstörerischen Systems können auch dann weiterwirken, wenn sich das System als gutmütig und barmherzig zeigt. Herodes (im Bild die Verkörperung des Systems) gibt den Sterndeutern vor, dem Kind ebenfalls huldigen zu wollen, um von ihnen den Ort der Geburt des Kindes in Erfahrung zu bringen. Herodes hatte bewusst böse Absichten. Aber selbst wenn alle bewussten Absichten guten Willens sind, so gibt es in der kirchlichen LGBT*-Emanzipation neben den direkten Absichten und Aktionen auch immer wieder noch unbewusst-unabsichtliche und performativ mitgesetzte Strukturen, die zum Erhalt der Diskriminierung beitragen. Das geschieht dann, wenn diejenigen auf Seiten des Systems, die Verbündete (*allies*) der Diskriminierten sein wollen, zu paternalistischen Retterfiguren werden (*saviors*).

Der Begriff der Retterfigur stammt aus der Emanzipationsbewegung der *People of Color*: Dort ereignet sich immer wieder, dass *White Allies* zu sogenannten *White Saviors* (weißen Retter*innen) werden, indem ihr Einsatz für die unterdrückten Schwarzen ins Zentrum des Narrativs gestellt wird. Dann erscheinen weiße *Allies* als mutige Held*innen, sie werden gefeiert und lassen sich feiern für ihren Einsatz für die Unterdrückten, sie stehen im Fokus des Medieninteresses, sie werden gelobt, sie bekommen Preise und Auszeichnungen für ihre Verdienste und sie besetzen die Hauptrollen in Dokumentationen und Filmen über den Kampf gegen Rassismus und Diskriminierung. Ihr Kampf gegen die Unterdrückung der *People of Color* wird als eine schwere Anstrengung ausgemalt, welche die weiße Retterfigur in einem heldenhaften Kraftakt auf sich nimmt. Doch dabei ist es eine Bilderbuchdefinition des weißen Privilegs, dass Weiße die Freiheit haben, sich gegen Unterdrückung einzusetzen oder nicht. Auf diese Weise wird eine „Kultur der sinnlosen Verherrlichung von Weißen“[6] aufrechterhalten, ebenso ein weißer Paternalismus gegenüber den *People of Color*, die als abhängig vom Einsatz der weißen Retter*innen erscheinen. Durch diese weißen Rettergestalten reproduziert sich die weiße Vorherrschaft (*white supremacy*) selbst noch im Emanzipationskampf.

Etwas Analoges geschieht bei der queeren Emanzipationsbewegung. Hier spricht man inzwischen von der heterosexuellen Retterfigur (*straight savior*). Es handelt sich um heterosexuelle Menschen, die teilhaben an den Privilegien der heteronormativen Gesellschaft und *Allies* der LGBT*-Community sein wollen, aber von sich selbst oder durch andere unbewusst zu heldenhaften *Saviors* der Community hochstilisiert werden. Als z. B. der weiße heterosexuelle US-Rapper Macklemore sein LGBT*-unterstützendes Video ‚Same Love‘ herausbrachte, wurde es in Medien und Gesellschaft nicht zu Unrecht als großer Fortschritt und mutiger Einsatz für die diskriminierte LGBT*-Community gefeiert. Doch im Video selbst wird performativ die Überlegenheit heterosexueller und dezidiert maskuliner Männer über die hilfsbedürftigen Homosexuellen reproduziert. Homosexuelle werden implizit zu Objekten des heterosexuellen Wohlwollens und ihrer aus privilegierter Position heraus erfolgenden gönnerhaften, bevormundenden Unterstützung. Und das Lob der heteronormativen Gesellschaft gilt vor allem diesen heterosexuellen Retterfiguren und ihrem Einsatz. Sie und nicht die Unterdrückten selbst stehen im Zentrum des Narrativs.[7]

In der innerkirchlichen queeren Emanzipationsbewegung kann sich eine solche Reproduktion der heteronormativen Hierarchien ebenfalls ereignen. Auch diese Reproduktion geschieht dann performativ – d. h. die direkten Absichten der *Allies* sind ehrlich und nobel, doch die Gestalt ihres Engagements und die Art der medialen und gesellschaftlichen Resonanz wiederholen die Kernstrukturen der diskriminierenden Ordnung. Das Äquivalent zum *Straight Savior* wäre z. B. der *Clerical Savior* – die priesterliche oder bischöfliche Retterfigur. Das geschieht dann, wenn das mediale und gesellschaftliche Interesse in erster Linie den Priestern gilt, die Segensfeiern für gleichgeschlechtliche Paare feiern, wenn nur Priester Preise für ihren mutigen Einsatz gewinnen, und wenn Bischöfe für wohlwollende Aussagen und Ankündigungen gelobt und gefeiert werden – anstatt dass die Unterdrückten und ihre Lebensgeschichten ins Zentrum gestellt werden. Hier zeigt sich diejenige Ordnung als Retterin der Diskriminierten, die allererst die Diskriminierung hervorbrachte. LGBT*-Menschen werden zu hilfsbedürftigen Objekten klerikaler Benevolenz, und die Kirche schickt sich an, erneut zu definieren, was segenswürdige queere Beziehungen sind, in welcher Form die Besserstellung geschehen kann und wie queere Menschen in die bestehende Ordnung einzufügen sind. Die Kirche behält ihre Definitionsmacht und ihre überlegene Funktion als Retterin jener, die sie selbst erst zu solchen gemacht hat, die einer Rettung bedürfen.

Dem Stern folgen: Queere Betroffene müssen im Zentrum stehen

Darum ist es so wichtig und ein großer Fortschritt, wenn in Out-in-Church die Betroffenen selbst zu Wort kommen, ihre Lebensgeschichten ins Zentrum des Narrativs gestellt und sie so zu Subjekten statt Objekten der Emanzipation werden. Und darum ist es so wichtig, dass in Publikationen die Diskriminierten selbst zu Wort kommen und definieren, was für sie Emanzipation ist. Dass sie selbst die Held*innen ihrer Emanzipation sind.

Die Sterndeuter erkannten die Absichten hinter dem Wohlwollen der herrschenden Ordnung und zogen auf einem anderen Weg weiter. Auch wir müssen unseren eigenen Weg gehen, um das Geheimnis der Geburt Jesu weiterzutragen. Dies gilt für alle Emanzipationsbewegungen in der Kirche. Die Diskriminierten müssen Subjekte und Akteur*innen ihrer eigenen Befreiung werden und können nicht weiter den vorgegebenen Bahnen der herrschenden Ordnung folgen. Und dadurch ereignet sich Weihnachten und wird die Kirche fortwährend neu geboren.

Denn wie Johann Adam Möhler (1796–1838) erkannte, ist die Geburtsstunde der Kirche nicht das Pfingstereignis, sondern die Inkarnation.[8] In Bethlehem fanden Josef und Maria mit dem Kind schließlich in einem Stall einen Schutzraum. Die Hirten auf dem Feld verließen ihre festen Strukturen und die Sterndeuter weigerten sich, mit den zerstörerischen hegemonialen Mächten und ihrer falschen Sicherheit und ihrem trügerischen Wohlwollen zu kollaborieren, und sie fanden die Geborgenheit des Stalls – dies ist die Ur-Stunde der Kirche. Zu dieser Geborgenheit des Stalls gehören auch heute alle, die nicht in die herrschenden Ordnungen passen. Weihnachten ereignet sich, wenn die Kirche ihre Ängstlichkeit und Selbstschutzreflexe überwindet und wieder zum Schutzraum wird. Wenn die vielen nicht-heterosexuellen Menschen, die in der Kirche arbeiten und ihre Identität verstecken müssen, in diesem Schutzraum sie selbst sein können, wenn die nicht-heterosexuellen Jugendlichen ohne Stigmatisierung und ihre toxischen psychischen Folgen aufwachsen dürfen, und wenn die Kirche in all jenen Ländern auf der Welt einen Rückzugsort für LGBT*-Menschen bietet, in denen diese Menschen (leider oft mit dem Segen der Kirche) immer noch brutal verfolgt werden.

Anmerkungen

[1] Vgl. *H. Keul*, Weihnachten. Das Wagnis der Verwundbarkeit, Ostfildern [3]2017, 13–27.
[2] *Homosexualitatis problema* (1986), Nr. 3.
[3] „Closet" bzw. „in the closet" (dt. „Schrank" bzw. „im Schrank sein/leben") ist eine gängige Metapher für den Zustand, in dem sich LGBT*-Personen befinden, die ihre sexuelle Orientierung, ihre geschlechtliche Identität und ihr Sexualverhalten vor anderen Menschen (ob vor allen oder dem Großteil ihrer Mitmenschen) verbergen, aus Angst, Selbsthass und aufgrund des psychischen Drucks durch das soziale Stigma. Der Zustand des „closet" wird durch das Coming-out, das Bekanntmachen der eigenen LGBT*-Zugehörigkeit, beendet.
[4] Katechismus der Katholischen Kirche 2359.
[5] *R. Schneider*, Internalisierte LGBT*-Phobie und LGBT*-Minoritätenstress: die psychischen Folgen der kirchlichen Verurteilung, in: M. Gräve/H. Johannemann/M. Klein (Hrsg.), Katholisch und queer. Eine Einladung zum Hinsehen, Verstehen und Handeln, Paderborn 2021, 190–200.
[6] Vgl. *M. W. Hughey*, Racializing Redemption, Reproducing Racism: The Odyssey of Magical Negroes and White Saviors, in: Sociology Compass (6/9) 2012, 751–767.
[7] Vgl. ebd., 759; *R. J. Bruce*, Straight Belevolence. Preserving Heterosexual Authority and White Privilege, University of Florida 2015 (MA Thesis).
[8] Vgl. *J. A. Möhler*, Symbolik, oder Darstellung der dogmatischen Gegensätze der Katholiken und Protestanten, nach ihren öffentlichen Bekenntnißschriften, Frankfurt a. M. [5]1871, 332.

Kinder in Afrika wahrlich Kinder sein lassen

Solange Sahon Sia, ndc
Übersetzt und überarbeitet von Rodrigue Naortangar SJ

Im Rahmen einer Sensibilisierungsaktivität des Zentrums zum Schutz von Minderjährigen und schutzbedürftigen Personen des Katholischen Missionsinstituts von Abidjan in der Elfenbeinküste fand ich mich mit meinem Organisationsteam an Weihnachten 2020 in einer Pfarrei wieder. Der Kontrast war auffallend: An einem Fest der Geschenke und der Freude waren wir seltsamerweise dabei, über Schutz und Prävention von Missbrauch zu sprechen und Videos zum Thema „Stoppt Gewalt gegen Kinder“ auf einer Leinwand zu zeigen. Es war eine ganz besondere Erfahrung im Rahmen der Einsätze, die auch die Verantwortung der katholischen Kirche für die Aufarbeitung dieses Themas deutlich macht.

Ich nehme dieses Kontrasterlebnis zum Anlass, um über das Thema „Missbrauch von Kindern“ zu sprechen und zum Einsatz zu bewegen, ein sicheres Umfeld für das Leben von Kindern besonders im ivorischen und allgemein im afrikanischen Kontext zu schaffen.

Wir hören oft, dass wir in Afrika Kinder sehr lieben. Das stimmt, denn in vielen afrikanischen Kulturen wird das Kind, das auf die Welt kommt, als ein kostbares Gut und ein Segen für Familien betrachtet. Aber wie beim Kind Jesus (Mt 2,16–18) wird manchmal sein Leben bedroht, und zwar durch Gewalt und Missbrauch – eine Perspektive, die aus katholischer Sicht an Weihnachten vor Augen geführt wird.

Um das Thema gut zu durchblicken, muss der kulturelle Rahmen der Elfenbeinküste, den viele afrikanische Länder teilen, in den Blick genommen, müssen heutige Orte der Verletzlichkeit von Kindern identifiziert, und müssen schließlich einige Maßnahmen und Einstellungen vorgeschlagen werden, damit das Kind das sein kann, was es ist, nämlich ein Kind.

Kultureller und sozialer Rahmen der frühen Kindheit

Afrikaner*innen haben sich immer besonders um ihre Kinder als die schwächsten Mitglieder ihrer Gemeinschaft gekümmert. Traditionell wird die Erziehung von Kindern (sowohl Mädchen als auch Jungen) von Frauen kollektiv gewährleistet. Erst nach der Pubertät werden die Jungen von den Männern betreut. Für ihre Eingliederung in diese große Familiengemeinschaft hatten viele ethnische Gruppen in Afrika ein System der Sexualerziehung durch Übergangsriten. Durch diese Riten geht das Kind in die Welt der Erwachsenen über und nimmt eine sozial bestimmte sexuelle Rolle an, d. h. entweder „Mann" oder „Frau". Junge Menschen zwischen 12 und 16 Jahren werden trainiert, sich ihren Körper samt seinen sexuellen und biologischen Aspekten sowie die Tabus rund um die Sexualität und die damit einhergehenden Werte anzueignen. So werden sie dazu vorbereitet, ihre Verantwortung als Vater, Mutter, Ehemann und Ehefrau zu übernehmen. Diese Übergangsriten stellten eine gute Gelegenheit dar, sich mit der eigenen Sexualität auseinanderzusetzen.

Symbolreiche, aber auch gefährliche Riten werden auferlegt, um dazu zu ermuntern, sich wie ein Erwachsener zu verhalten. Ein Beispiel bei Jungen ist die Beschneidung. Symbolisch dient sie dazu, die im männlichen Geschlecht vorhandene weibliche Dimension (die Vorhaut) zu entfernen, was natürlich mit großen Schmerzen einhergeht, und manchmal sogar mit tödlichen Infektionen. Bei Mädchen in einigen Gesellschaften, bei denen es weibliche Übergangsriten gibt, spielt die Genitalverstümmelung eine ähnliche Rolle: Sie soll unter anderem die männliche Dimension des Geschlechts der Frau (die Klitoris) beseitigen, was ebenfalls mit physischen und psychischen Schäden einhergeht. Im Prinzip sind diese Riten stark kodifiziert, selbst wenn zum Beispiel sexuelle Beziehungen ausgeübt werden, nämlich als Vorbereitung auf die Fortpflanzung oder als Bedingung zur Eheschließung.

Die Kolonisation und die christliche Mission haben dazu beigetragen, dass Übergangsriten heutzutage kaum noch praktiziert werden. Das bringt höhere gesundheitliche Sicherheit, doch auch die Sexualerziehung wird somit vernachlässigt. Selbst die Katechese in der Kirche und im Schulunterricht gehen nicht wirklich auf dieses Thema ein. Dabei wäre es doch gerade Aufgabe der Kirche, die Kinder genügend zu diesem Thema zu informieren und sie zu schützen. All dies hat negative Auswirkungen auf die neuen Generationen, besonders auf ihre sexuelle Reifung, auf die Qualität ihrer Gemeinschaftszugehörigkeit und sogar auf ihre Identität als zukünftige Erwachsene. In dieser Konstellation ist es nicht verwunderlich, dass die Funktion der Familie als Institution gestört wird.

In vielen Familien in der Elfenbeinküste führt Arbeitslosigkeit zum Müßiggang der Männer. Sie werden ihrer traditionellen Rolle und ihres Status beraubt und verlieren allmählich ihren Platz und ihr Ansehen in der Familie. So kommt es vor, dass Männer ihre Häuser, Frauen und Kinder verlassen, entweder um anderswo ihr Glück zu finden oder um der Last ihrer Verantwortung zu entfliehen, welche sie nicht tragen können. Laut dem langjährigen Missionar in der Demokratischen Republik Kongo, Bernard Ugeux, gibt es eine Krise der Männlichkeit in Afrika,[1] weil Männer nicht in der Lage sind, Sicherheit und Schutz für ihre Kinder zu gewährleisten. Kinder sind somit einem hohen Missbrauchsrisiko ausgesetzt.

Eltern können nicht für ihre Kinder da sein, weil sie für die Bedürfnisse der Familie sorgen müssen. Sie vertrauen ihre Kinder Nachbarn oder Familienmitgliedern an. Allein schon deswegen werden Kinder Missbrauch ausgesetzt, weil die Täter meistens der Nachbarschaft oder der Familie entstammen. Bei sexuellem Missbrauch durch Familienmitglieder ist der Mangel an Privatsphäre in der Familie ein Risikofaktor.

Nicht selten kommt es vor, dass die Kinder ihrem traurigen Schicksal überlassen werden. Viele haben nicht das Glück, zur Schule zu gehen. Kleine Mädchen wie kleine Jungen werden allen Risiken der Straße ausgesetzt. Sie werden zu kleinen Verkäufern auf den Straßen und Märkten, um sich an den Bedürfnissen der Familie zu beteiligen oder einfach um zu überleben. Diese Lage begünstigt Missbrauch.

Auch bei Schulkindern kommt es vor, dass ihnen keine andere Wahl gelassen wird, als sich sexueller Gewalt auszusetzen, um an Nahrung und Bekleidung zu kommen. Solange das Opfer nicht materiell, psychologisch und manchmal auch emotional geschützt wird, ist es schwierig, seinen sexuellen Aggressor anzuzeigen, besonders wenn er ein Familienmitglied (Vater, Onkel, Stiefvater, Mutter, Bruder) oder derjenige ist, der sich um das Kind zu kümmern scheint. Die Armut, in der die überwiegende Mehrheit afrikanischer Kinder leben, ist in der Tat ein leicht ausnutzbarer Ort für sexuelle Übergriffe sowohl durch die Familie als auch durch das unmittelbare Umfeld.

Eine Studie,[2] die zu sexueller Gewalt im ivorischen Schulumfeld durchgeführt wurde, zeigte, dass sexuelle Ausbeutung durch Missbrauch von Verwundbarkeit, Autoritätsposition oder Vertrauen begünstigt wird. Den Opfern wird eine Vergütung (Geld, Geschenke oder gewisse Dienste) gewährt oder versprochen. Laut dieser Studie kommen sexuelle Beziehungen zwischen Lehrern und Mädchen häufiger (20,5 %) vor als zwischen Lehrerinnen und Jungen (15 %). Diese Missetaten finden leider auch in katholischen Schulen statt.

Schwangere minderjährige Schulmädchen werden von der Schule ausgeschlossen. Dabei sind diese Schwangerschaften oft Konsequenzen des Missbrauchs durch Lehrer. Doch Angst und Drohungen bringen die Mädchen zum Schweigen. Sie zeigen ihre Angreifer nicht an. Selbst wenn sie es tun, wird der Fall durch gütliche Einigung gelöst, und zwar zwischen der Familie des Lehrers und der Familie des Mädchens. Entschädigungen werden geleistet, von denen das Mädchen in keiner Weise profitiert.

Missbrauch von Kindern in Kriegssituationen ist vielleicht eine noch bedauerlichere Situation. 2002 führten das Hohe Flüchtlingskommissariat der Vereinten Nationen

(UNHCR) und die britische NGO *Save the Children* eine Untersuchung durch, die ein Netzwerk sexueller Ausbeutung von Kindern in Flüchtlingslagern wie etwa in Liberia, Guinea und Sierra Leone aufdeckte. Kleine Mädchen werden von einigen „humanitären Agenten“ gezwungen, sexuelle Gefälligkeiten gegen Nahrung anzubieten.[3]

Deutsche Leser*innen dieses Artikels wundern sich vielleicht, dass bisher kaum von Kinderrechten gesprochen wird. Sie werden in vielen afrikanischen Ländern nicht gewährleistet. Das Fehlen von Rechtsstaatlichkeit und die Korruption des Justizsystems sind Gründe dafür, dass sexuelle Gewalt gegen Kinder verharmlost wird. Die universelle Umsetzung der Kinderrechte ist ein wichtiger Meilenstein bei der Anerkennung der Bedürfnisse aller Kinder. Aber in vielen Ländern Afrikas ist es schwierig, dies zu verwirklichen. Die UN-Kinderrechtskonvention von 1989, zu der sich nahezu alle Länder verfassungsgemäß verpflichtet haben, besagt z. B. im Artikel 18 dass die Hauptverantwortung für die Erziehung eines Kindes bei den Eltern oder bei den gesetzlichen Vertreter*innen liegt und dass die Vertragsstaaten die notwendige Unterstützung leisten sollten, damit letztere ihre Aufgaben erfüllen können. All dies wirkt angesichts dessen, was in afrikanischen Städten tatsächlich passiert, wie eine leere Versprechung, ganz zu schweigen von der Lage in Slums und Dörfern.

Es ist höchste Zeit, dass afrikanische Staaten Schutz- und Wiedergutmachungsmaßnahmen für Kinder, die Opfer sexuellen Missbrauchs und sexueller Ausbeutung sind, verwirklichen. Dies könnte ein großer Schritt zum Schutz von Kindern vor Missbrauch sein.

Neben dem rechtlichen Aspekt des Kinderschutzes müssen noch andere Problemstellen berücksichtigt werden, damit Kinder ihre Kindheit tatsächlich leben können. Hier muss an erster Stelle die Verantwortung der katholischen Kirche herangezogen werden, nämlich dass sie die Bedingungen schafft, unter welcher Weihnachten wahrlich Weihnachten für Kinder werden kann, d. h. eine Zeit der Freude, der Geschenke und vor allem eine Zeit, in der Kinder sich geschützt und geborgen fühlen können. Ja, inwiefern kann möglichst jeden Tag für Kinder Weihnachten in und außerhalb der katholischen Kirche werden?

Kinder, die Opfer von Gewalt geworden sind, haben gelernt, sich gegen eine Gesellschaft zu wehren, die ihre Kindheit nicht respektiert und ihnen emotionales, physisches und psychisches Leid auferlegt. Sie gehen davon aus, dass es keine Liebe gibt und dass der einzige Weg zu überleben die Ausübung von Gewalt ist.

Angesichts dessen braucht es viel Aufklärung darüber, dass es Liebe gibt und dass man Erwachsenen vertrauen kann. Damit Kinder entdecken können, dass sie eine echte Fähigkeit zur Liebe in sich tragen, braucht es eine Herangehensweise voller Feingefühl und Respekt. Diese Haltung bei leidenden Kindern aus Empathie zu fördern und ihnen Gehör zu schenken wird es ihnen ermöglichen, sich auszudrücken. So werden sie nach und nach eine soziale Identität finden, ein Beziehungsnetz aufbauen und die Geborgenheit einer Gemeinschaft genießen. Das bietet einen wichtigen Resilienzfaktor an.

Hierzu kann die katholische Kirche aus ihrer Weihnachtsbotschaft schöpfen und entsprechende Haltungen zu Gunsten von Kindern fördern. Zwar ist Jesus in Armut geboren, aber ihm hat der integrale Schutz von Joseph, Maria und Engeln nicht gefehlt. Man erinnere sich an die Flucht nach Ägypten, um das Kind vor Herodes zu schützen (Mt 2,13–23), an die Sorge von Maria um ihr Kind, wie sie bei Müttern meistens der Fall ist (Lk 12,42–51), an die verschiedenen Erscheinungen von Engeln vor Joseph, um die Geburt Jesu vorzubereiten (Mt 1,18–25), und vor den Weisen, um das Leben Jesu zu schonen (Mt 2,12). In Anbetracht dessen muss die katholische Kirche, welche sich in Afrika als Familie Gottes versteht, Schutzräume für Kinder schaffen, die unsere näheren Nächsten sind und uns stets an das Kind Jesus erinnern.

Für herangewachsene Kinder darf die Frage nach der (Wieder-)Aneignung des Körpers nicht vernachlässigt werden. Das Thema des Körpers verhilft dazu, die Beziehung zu den anderen und zu sich selbst adäquat aufzubauen. Die Entwicklung eines Bewusstseins für den eigenen Körper ist ein wesentlicher Punkt in der Frage der eigenen Sexualität. Sie macht es möglich, über Lust, Selbstwertgefühl und Beziehungen zu sprechen. Sie erlaubt dem sexuellen Subjekt, sein Verlangen zu denken und in Worte zu fassen. Der eigene Körper wird zum Mittel des persönlichen Ausdrucks in der Welt.

Deshalb müssen eine zeitgemäße Sexuallehre und die Kinderrechte rechtzeitig beigebracht werden, nicht nur in der Katechese, sondern auch in Schulen und in kleinen Basisgemeinschaften. So wird das Bewusstsein bei Kindern geschaffen, dass ihre Sexualität ein persönliches Projekt ist, das dauerhaft, ja, ein Leben lang aufgebaut werden muss, und zwar als Teil ihrer Identität, als grundlegendes Element ihrer intimen Beziehungen. Den Kindern eine sehr positive, einfache und emotionale Vorstellung von Vergnügen und Sexualität mitzuteilen und ihnen beizubringen, dass Geschlechtsverkehr eine private Handlung zwischen zwei einvernehmlichen Erwachsenen ist, all das in einem für Kinder zugänglichen Stil, zum Beispiel durch Spiele, kann ihnen ermöglichen, Vertrauen in sich selbst, in ihren Körper zu haben.

Fazit

Im Grunde gibt es nur eines, das getan werden muss, damit jedes Kind in aller Ruhe ein Kind sein darf: ein Bewusstsein dafür schaffen, dass es ohne Kinder keine Zukunft gibt. In Familien gegen den großen Schaden sensibilisieren, der Kindern zugefügt wird, wenn sie missbraucht werden; Schulungen fördern und gleichzeitig Maßnahmen ergreifen, damit Schulen sichere Orte für Kinder werden, sind konkrete Handlungen, die ein für Kinder schützendes Bewusstsein schärfen und aus ihrer Kindheit eine tagtägliche Weihnachtsfeier machen können.

Anmerkungen

[1] *B. Ugeux*, „Crise de l'identité masculine … en Afrique aussi“; https://www.lavie.fr/blogs/bernard-ugeux/crise-de-lidentite-masculine-en-afrique-aussi-77198.php (Zugriff: 28.05.2022).

[2] *Ministère de la famille, de la femme, de l'enfant et des affaires sociales*, „Crise et violences basées sur le genre en Côte d'Ivoire: résultats des études et principaux défis“, https://cotedivoire.unfpa.org/sites/default/files/pub-pdf/unfpacriseetviolencesbaseessurlegenreenci_french.pdf (Zugriff: 28.05.2022).

[3] *UNHCR*, „De nombreux enfants réfugiés seraient victimes d'abus en Afrique de l'ouest“, https://www.unhcr.org/fr/news/press/2002/2/4acf429a1e/nombreux-enfants-refugies-victimes-dabus-afrique-louest.html (Zugriff: 28.05.2022).

Von Strohhalmen und Menschwerdung und warum manchmal in Kneipen eher Weihnachten wird als in der Kirche

Raphaela Soden

Die Frage, wann und wie eigentlich Weihnachten wird, begleitet mich schon eine ganze Weile. In meiner Kindheit wurde mir suggeriert, es hinge von mir, von meinem Zutun ab. Ich glaube, es war meine in der römisch-katholischen Kirche tief verwurzelte Großmutter, die in einem Jahr auf die Idee kam (ich kann nicht älter als sechs Jahre gewesen sein), ein schon bei ihren Kindern, u. a. meiner Mutter, angewandtes adventliches Ritual zu reaktivieren. Sie platzierte den Miniaturfuttertrog aus Holz, den sie an Weihnachten zwischen Maria und Joseph in die Krippe stellte und der dann nach dem Heiligabendg*ttesdienst das Christkind beherbergen würde, schon in der Adventszeit gut sichtbar in einem Regalfach in der Küche. Sie erklärte mir, dass ich, immer wenn ich „etwas Gutes" getan hätte, einen Strohhalm in den Trog legen dürfe, damit das Jesuskind an Weihnachten auch weich liegen könne. Ich konnte für Jesus Strohhalme verdienen, indem ich artig und folgsam war, keine Widerworte gab, beim Tischdecken half, Schokolade mit meinen jüngeren Geschwistern teilte und ähnliches. Die Deutungshoheit über strohhalmwürdiges Verhalten lag bei den mich umgebenden Erwachsenen. Mir wurde unter anderem auch mein Lieblingsspielzeug für „die armen Kinder in Afrika" abgepresst mit der mein Gewissen quälenden Beschuldigung, dass das Christkind wegen mir hart liegen und frieren müsse. Falls es überhaupt in eine Krippe ohne Strohhalme käme.

Ich lernte also, wie ich zu sein hatte und was zu tun war, damit Weihnachten werden konnte, damit G*tt Mensch werden konnte in dieser Welt: Es kam auf mich an, vor allem aber auf meine Selbstverleugnung, auf das Erfüllen von mir vorgegebenen Normen und auf das Zufriedenstellen von Menschen, die Macht über mich hatten und zu wissen schienen, wer G*tt ist und was er*sie von Menschen verlangte. Learnings aus der Hölle des emotionalen und geistlichen Missbrauchs – gepaart mit toxischen G*ttesbildern, christlich-kolonialistischen Narrativen und Adultismus. Dabei stellt die Botschaft von Weihnachten doch gerade Machtverhältnisse – sowohl explizit politische als auch gesellschaftlich normative – fundamental in Frage. Das G*ttliche soll laut biblischer Erzählung in einem Kind Mensch geworden sein, das gerade nicht im gut gepolsterten und warmen Luxuskinderbettchen im Königspalast des Herodes liegt. Die Abstammung des Kindes ist vielmehr unklar. Der soziale Vater soll nicht der biologische sein. Das Kind entsteht im Bauch der Mutter, bevor sie mit dem Vater verheiratet und sexuell aktiv gewesen sein soll. Dennoch bleibt er bei der Mutter und dem werdenden Kind. Die ersten, die von der Geburt erfahren, gehören nicht zu den oberen Zehntausend. Sie hüten Schafe, vermutlich nicht einmal die eigenen. Ihnen erscheinen die Engel G*ttes und verkünden Freude, Befreiung und Frieden. Alles in allem kein Szenario, mit dem sich gut heteronormativ-familistische, patriarchale, klassistische, adultistische und machtpolitische Strukturen sowie geistlicher Missbrauch legitimieren lassen.

Als jugendliche Person ist mir irgendwann der Gedanke wichtig geworden, dass Weihnachten, dass Menschwerdung nicht irgendetwas ist, was vor 2000 Jahren irgendwo in Bethlehem (oder vielleicht doch in Nazareth?) – auf jeden Fall weit weg – geschehen ist, sondern etwas, was mich selbst betreffen könnte. Ich weiß nicht mehr wo, aber irgendwo ist mir der viel zitierte und in Weihnachtspredigten gerne bemühte Spruch „Mach's wie G*tt. Werde Mensch!" begegnet. Ich glaube, ich habe diesen damals weniger als Aufforderung denn als Erlaubnis verstanden, die Person werden und sein zu dürfen, die ich bin. Nicht so sein zu müssen, wie es elterlichen, kirchlichen und/oder gesellschaftlichen Normen entspricht, sondern authentisch zu sein, ich zu sein. Einerseits eine Weihnachtsbotschaft, die ich als befreiend erlebt habe. Andererseits gar kein so leichtes Unterfangen, wenn mensch noch gar nicht weiß, wer mensch ist und genau damit zu kämpfen hat, möglicherweise den Rahmen des Denkbaren und vermeintlich G*ttgewollten zu sprengen. Auch wenn mir dies damals noch gar nicht explizit bewusst gewesen ist, hatte ich doch immer das Gefühl, nicht richtig zu sein.

Heute weiß ich, dass es viele Menschen gibt, die es schwer haben in dieser römisch-katholischen Kirche (aber auch in manch anderen christlichen Denominationen), sich so, wie sie sind, in ihrem Menschsein anzunehmen. Wie sollen Menschen wie ich, die z. B. (gender)queer, nichtbinär, agender, trans- und/oder intergeschlechtlich sind, auch Mensch werden, uns inkarnieren, uns einfleischen in unsere Körper, in die Welt, in diese römisch-katholische Kirche, die sich als Leib Christi begreift und deren (Körper-)Teil doch eigentlich alle werden durch die Taufe, wenn wir den lehramtlichen Vorstellungen, wie mensch zu sein hat, gar nicht entsprechen können? Das römisch-katholische Lehramt weiß offenbar genau, wie G*tt sich Menschsein gedacht hat, vor allem, welche Geschlechter- und Sexualitätsnormen Menschen zu verkörpern haben, damit sie ihr g*ttgewolltes Menschsein nicht verfehlen.

Was es bedeutet, Binarität als Schöpfungsordnungsprinzip zu behaupten

Dies lässt sich z. B. im „Schreiben an die Bischöfe der Katholischen Kirche über die Zusammenarbeit von Mann und Frau in Kirche und Welt"[1] aus dem Jahr 2004 nachlesen. Dort wird die erste Schöpfungserzählung in Genesis 1 so interpretiert, dass G*ttes Schöpfungshandeln darin bestünde, aus dem Chaos den Kosmos, also die geordnete Welt, zu machen, indem G*tt das eine vom anderen scheidet und so Binarität schafft: „Licht und Finsternis, Meer und Land, Tag und Nacht, Pflanzen und Bäume, Fische und Vögel, alle ‚nach ihrer Art'"[2], schließlich auch den Menschen als Mann und Frau.[3] Auf diese von der Glaubenskongregation konstatierte komplementäre und binärgeschlechtliche Verfasstheit des Menschen wird dann auch die G*ttebenbildlichkeit bezogen.[4] Im Dokument „Als Mann und Frau schuf er sie" aus dem Jahr 2019 wird sogar behauptet, dass „Mann und Frau die beiden Modalitäten [seien, Ergänzung R. S.], in denen sich die ontologische Wirklichkeit der menschlichen Person ausdrückt und verwirklicht".[5] Damit wird allen Menschen, die keine (cis) Männer oder Frauen sind, Menschen wie mir, letztendlich das Personsein, das Menschsein abgesprochen. Ein ausdrücklicheres Beispiel für die Feststellung der*des prominenten Gendertheoretiker*in Judith Butler, dass Geschlecht damit zusammenhängt, „wer für das anerkennbar Menschliche in Frage kommt und wer nicht", lässt sich schwer finden.[6] Genauso schwer erträglich ist die normative und spirituelle Gewalt, die von solchen Aussagen ausgeht und die verhindert, dass Menschen sich selbst als wunderbar von G*tt gemacht, als G*ttes Bild wahrnehmen können.

Transition als Inkarnation

Kann angesichts dessen Weihnachten werden? Ich bin geneigt, dies zu verneinen. Doch: Ich habe schon Weihnachten werden sehen. Nicht nur einmal. Allerdings habe ich erst verstehen lernen müssen. Denn es war kein Weihnachten, an dem alles gut ist, an dem Gewalt, Diskriminierung und Angst tatsächlich ein Ende haben. Ich habe es endgültig verstanden, als ich 2020 kurz vor Weihnachten das Video zum Song „The Star of Bethnal Green"[7] von Bear's Den gesehen habe. Es spielt an Heiligabend. Eine Person sitzt einsam in ihrer halbdunklen Wohnung und macht sich schließlich auf in eine Kneipe mit dem Namen „The Star of Bethnal Green". Dort setzt sie sich an die Theke und bestellt ein Getränk. Auf der Bühne fängt eine trans Frau an zu singen. Die Person scheint wie vom Blitz getroffen. Der Liedtext erklärt, warum. Sie kann sich in der Sängerin wiederfinden und es fühlt sich an, als würde sie in diesem Moment in der Bar getauft werden.[8] Der Augenblick scheint lebensverändernd für sie zu sein. Sie fühlt sich plötzlich mitten in ihrem Schmerz G*tt nahe und erkennt, dass sie ihr ganzes Leben lang versucht hat, zu ignorieren, wer sie ist. Der Refrain setzt ein:

> „But love, I'm alive / And maybe the Star of Bethnal Green / Could lead us back to Bethlehem / Lord, I have tried / And maybe the Star of Bethnal Green / Could lead us back to Bethlehem."[9]

Nachdem die Gesangsdarbietung in der Bar zu Ende ist, gehen die beiden gemeinsam in die leere dunkle Wohnung der Protagonistin. Dort hilft ihr die Sängerin, die Kleider, die in ihrem Schrank hängen, anzuziehen und sich zu schminken. Der Liedtext macht deutlich, wie heilsam diese unterstützende Begegnung für die Frau ist. Sie lächelt befreit und glücklich angesichts dessen, endlich sein zu können, wer sie ist: sich offensichtlich das erste Mal im Spiegel zu erkennen, sich in sich behausen zu können. Auf einmal sitzt sie allerdings wieder alleine in ihrer Wohnung. Sie eilt zum Fenster und sieht die Sängerin weggehen. Diese dreht sich noch einmal um. Blut läuft über ihr Gesicht. Der Anblick erinnert an Bilder des dornengekrönten Jesus. Die Frau am Fenster erschrickt. Die Sängerin zuckt entschuldigend mit den Schultern, winkt und läuft weg. Die Musik endet. Ein Text wird eingeblendet. Es ist zu lesen, dass im Jahr 2019 weltweit mindestens 331 trans Menschen ermordet wurden. Das Bild wird schwarz. In der Schlussszene öffnet die Frau als sie selbst mit frohem Gesicht die Tür und verlässt das Haus. Im Hintergrund sind Kirchenglocken zu hören, die zum Weihnachtsfestg*ttesdienst rufen.

Als Person, die selbst die Kategorie überschreitet, in die sie andere bei Geburt gesteckt haben, also auch trans ist, hat mich dieses Video tief im Inneren berührt. Gerade der Augenblick, in dem die Frau mit sich selbst in Kontakt kommt, sich mit ihrem Transsein verbindet, wird zum Moment der G*ttesbegegnung und der Menschwerdung. Sie wird sie selbst. Sie wagt, der Mensch zu sein, der sie ist. Sie nimmt Wohnung in sich, wird sichtbar, inkarniert. Ich glaube, so kommt etwas vom G*ttlichen in diese Welt. Dabei wird deutlich, dass Weihnachten, dass Menschwerdung nichts mit Marktbudenbeschaulichkeit zu tun hat. Menschwerdung hat ihren Preis. Sie bedeutet, sich berührbar zu machen, verletzlich zu werden, sich auszusetzen, angreifbar zu sein und womöglich auch verletzt zu werden. Wir kommen nicht ungeschoren davon. Wenn ich an Karfreitag denke: auch G*tt nicht.

Ich habe schon Weihnachten werden sehen. Im Mut zur Transition. In Momenten, in denen sich Menschen wahrhaftig voreinander gemacht haben mit dem Risiko, verletzt zu werden. In dem Workshop, in dem eine Person sich vor allen sichtbar gemacht und sich als trans geoutet hat. Als eine Überlebende physischer, psychischer und spiritueller Gewalt sich selbst als g*ttverkörperungsfähig und -würdig verstehen konnte. Vielleicht werden uns ganz andere Orte, Erfahrungen und Menschen zu Betlehem, zum Ort der Menschwerdung, als wir vermuten. Weihnachten wird zum Glück nicht erst, wenn die römisch-katholische Kirche nicht mehr diskriminierend, missbräuchlich und gewaltvoll ist. Doch wie schön wäre es, wenn sie nicht länger der Grund dafür wäre, dass Menschen sich wünschen, es möge doch endlich Gerechtigkeit regnen über alle?!

Anmerkungen

[1] U. a. Kongregation für die Glaubenslehre: Schreiben an die Bischöfe der Katholischen Kirche über die Zusammenarbeit von Mann und Frau in der Kirche und in der Welt, Vatikanstadt 2004.

[2] Ebd., Nr. 5.

[3] Dass im hebräischen Text nicht von „Mann" und „Frau" die Rede ist, sondern von „männlich" und „weiblich" und jüdische Auslegungen durchaus die ersten Menschen in Gen 1 als androgynoi verstehen, kann hier nicht weiter ausgeführt werden. Auch dass Exeget*innen darauf hingewiesen haben, dass es sich bei der Nennung der Paare um Merismen handelt, einem Stilmittel, welches zwei Elemente nennt, um auf eine Gesamtheit zu verweisen, kann an dieser Stelle nur angedeutet werden.

[4] Kongregation für die Glaubenslehre: Schreiben an die Bischöfe der Katholischen Kirche über die Zusammenarbeit von Mann und Frau in der Kirche und in der Welt, Nr. 5.

[5] Kongregation für das katholische Bildungswesen: „Als Mann und Frau schuf er sie". Für einen Weg des Dialogs zur Gender-Frage im Bildungswesen, Vatikanstadt 2019, Nr. 34.

[6] *J. Butler,* Die Macht der Geschlechternormen und die Grenzen des Menschlichen, Frankfurt a. M. 2011, 11.

[7] *Bear's Den/J. Graf* (Regisseur), The Star of Bethnal Green, YouTube 2019, https://youtu.be/aUDJqKgjEDU (Zugriff: 15.05.2022).

[8] Ebd., „When I heard you sing/It felt like a christening/A baptism at the back of the?bar/I?fell under your?spell/You sang my life so well."

[9] Ebd.

Wer bin ich für dich?
Von der transformativen Kraft der Liebe

Marita Anna Wagner

Weihnachten 2020 habe ich als eine besondere Zeitenwende erlebt. Erstmals wurde in meiner Gemeinde und meinem Elternhaus mit einem anderen Blick auf die Weihnachtskrippe und das darin liegende Kind geschaut, den weißhäutigen Jesus mit lockigem, blondem Haar, weißem Gewand und blauen Augen. Unsere Familienkrippe ist bereits über 100 Jahre alt, sie hatte schon meinem Urgroßvater gehört und wird von Generation zu Generation weitervererbt – und mit ihr das Bild und die Vorstellung eines *weißen*[1] Jesus. In dem Jahr wurde aber erstmals eine Schieflage in dieser Darstellung erkannt und offen benannt – auch in meiner Familie.

Über das Jahr 2020 hinweg wurden die Anliegen der Black Lives Matter-Bewegung deutlich vernehmbar, und der Rassismus in Deutschland wurde auf einer breiten gesellschaftlichen Ebene diskutiert. In der Adventszeit hielt die Debatte auch Einzug in deutsche Kirchengemeinden: Im Ulmer Münster wurde die Krippenfigur des Schwarzen[2] Königs entfernt, da diese nach Auffassung des evangelischen Dekans stereotyp rassisierende Merkmale Schwarzer Menschen reproduzierte.[3]

Im Zuge dessen wurde auch die Jesusdarstellung kritisch hinterfragt. Unabhängig von Wohnort und religiöser Ausrichtung imaginieren die meisten Menschen weltweit Jesus als *weißen* Mitteleuropäer.[4] Die Bibel gibt keinen Aufschluss über das Erscheinungsbild Jesu, aber zumindest schien er nicht aufgrund körperlicher Merkmale aus der Masse hervorgestochen zu sein (Mt 26,48). Der nach dem Matthäusevangelium in Bethlehem geborene Jesus (Mt 2,1) hatte sehr wahrscheinlich olivfarbene bis braune Haut, dunkelbraunes oder schwarzes Haar und braune Augen.[5] Er war folglich sicherlich kein weiß-blondes Baby. Jesus war ein Geflüchteter, dessen Eltern dem Matthäusevangelium zufolge vor König Herodes ins Nachbarland fliehen mussten, da sich Letzterer aufgrund der prophetischen Ankündigung der Geburt des Heilands durch die Sterndeuter in seinen Privilegien und seiner Macht bedroht sah. Nach heutigem Verständnis war Jesus eine Person of Color; er würde daher zu denjenigen Menschen zählen, die negativ von Rassismus betroffen sind. Warum ist diese Differenzierung wichtig?

Mittels ihrer Inkarnation hat G*tt das Ja zum Menschen und dessen G*ttebenbildlichkeit bestätigt. Dabei hat G*tt dem Menschen seine Liebe angeboten. Doch damit sich diese erlösende Liebe entfalten kann, braucht es im Gegenzug das Ja des Menschen zu G*tt. Hier aber stellt sich die Frage, ob es möglich ist, die Inkarnation anzunehmen, ohne zu berücksichtigen, innerhalb welches sozial-politischen Kontextes und in welchem Menschen sich Gott inkarniert hat, nämlich in einer jüdischen Person of Color.

Universalisierung des *weißen* Jesus

Dies bedeutet nicht, dass Jesus nicht mehr als *weißes* Kind in der Krippe dargestellt werden kann. Augenscheinlich wird allerdings die Abwesenheit alternativer Jesusbilder in der Öffentlichkeit, obwohl es diese durchaus gibt. Hierin zeichnen sich koloniale Kontinuitäten ab, die der de-kolonialen und damit befreienden weihnachtlichen Zeitenwende entgegenstehen. Noch immer gilt der *weiße* Jesus der kolonialen Erober*innen als Symbol und Ausdruck einer machtzentrierten Weltordnung, die entlang bekannter Trennlinien verläuft und *Weißsein* als Herrschersein verabsolutiert. Die afroamerikanische Literaturwissenschaftlerin und intersektionale Feministin bell hooks[6] weist auf die daraus resultierende Gefahr hin: „[D]ie Welt der Dominanz […] ist immer eine Welt ohne Liebe“[7]. Das Recht, Jesus zum eigenen Selbstbild zu machen, haben die Europäer*innen anderen Menschen nicht nur verwehrt, sondern sie haben auch ihren *weißen* Jesus als alleingültige Identifikationsfigur global universalisiert. Die Darstellung des *weißen* Jesus ist daher keine unschuldige.

Eine liebevolle weltkirchliche Gemeinschaft?

Weitere Relevanz gewinnt diese Beobachtung unter Berücksichtigung der Tatsache, dass im Jahr 2020 26,7 Prozent der Bevölkerung in Deutschland eine Migrationsbiografie hatten.[8] Dieser Anteil wird sich mittelfristig weiter erhöhen, hatten doch bereits 40 Prozent aller Kinder unter fünf Jahren eine Migrationsgeschichte. Zudem sind global betrachtet etwa 70 Prozent aller Christ*innen People of Color.[9] Hierin zeigt sich: Die Weltkirche ist nichts, was sich „da draußen“ ereignet, die Weltkirche entfaltet sich hier bei uns in Deutschland vor der Haus- und Kirchentür. Weltkirche, das sind wir alle. Aber sind wir bereit, die Tür zu öffnen und die Weltkirche in unser (*weißes?*) Sanctum Sanctorum eintreten zu lassen? Diese Frage stellt sich insbesondere in der Advents- und Weihnachtszeit, in der Spenden für hilfsbedürftige Menschen im Globalen Süden oder für Geflüchtete gesammelt werden. People of Color sind meist diejenigen, denen sich die Kirche in wohlmeinender, aber letztlich paternalistischer Nächstenliebe zuwendet, anstatt in ihnen einen integralen Teil der Gemeinschaft zu erkennen. Und obwohl eine umgekehrte Missionsbewegung vom Globalen Süden in den Norden zu beobachten ist, werden Priester aus Nigeria und Indien oftmals auf eine funktionale Rolle als Sakramentenspender und Aushilfspriester reduziert, um den wachsenden Priestermangel aufzufangen – auch und besonders in der weihnachtlichen Hochamtszeit. Die Lebenswirklichkeiten von People of Color, ihre Sehnsüchte, Talente, ihr prophetisch-sterndeutendes Wissen, ihre Sorgen oder auch Diskriminierungserfahrungen werden hingegen nicht genügend berücksichtigt. Selten erhalten sie die Möglichkeit, sich als kreativ-gestaltende Akteur*innen an Entscheidungsprozessen zu beteiligen und leitende Funktionen in Gemeinden, kirchlichen Vereinen und ehrenamtlichen Engagements einzubringen. Diese Schieflage führt zu einem Vertrauensbruch in interkulturellen, zwischenmenschlichen Beziehungen, was der „radikal liebevollen Gemeinschaft“, von der bell hooks schreibt, entgegensteht.

Diese Tendenz zeichnet sich im Ende 2021 veröffentlichten #Afrozensus ab.[10] Die Studie dokumentiert die Lebensrealitäten, Perspektiven und Diskriminierungserfahrungen von Schwarzen, afrikanischen und afrodiasporischen Menschen in Deutschland. Demzufolge verstehen sich 36,4 Prozent der Befragten als Teil einer christlichen Glaubensgemeinschaft. Es zeigt sich jedoch, dass Kirche und Glaubensgemeinschaft den sozial-institutionellen Ort bilden, der am wenigsten aufgesucht wird, um Diskriminierungserfahrungen zu melden und Rat zu suchen (1,8 Prozent). Zugleich wird „die Kirche“ an zweiter Stelle derjenigen Institutionen genannt, der am wenigsten vertraut wird (28,3 Prozent). Der Grund dafür kann anhand des vorhandenen Datenmaterials nicht erklärt werden, was zukünftige Untersuchungen umso notwendiger macht. Auch stellt sich die Frage, ob dieses mangelnde Vertrauen für alle konfessionellen Kirchen gleichermaßen gilt.

Kultivierung von Mut

Inwieweit bietet hier die Advents- und Weihnachtszeit die Möglichkeit, neues Vertrauen und damit eine liebevolle Gemeinschaft, welche die weltkirchliche Pluralität als Bereicherung erkennt, zu fördern?

Mit ihrer Inkarnation hat G*tt das Ja zum Menschen in Liebe gesprochen. Die Liebe ist demnach unsere wahre Bestimmung. In ihrem Buch „Alles über Liebe“ beobachtet bell hooks jedoch eine Lücke zwischen den religiösen und moralischen Werten, die wir haben, und der Bereitschaft, unser Denken und Handeln auf diese abzustimmen.[11] Der Glaube kann uns als Quelle dienen, um die transformative Kraft der Liebe neu zu erlernen, indem wir unseren Mut kultivieren.[12] Wenn wir mutig sind, sind wir stark genug, uns für das einzusetzen, woran wir glauben, und in Worten, vor allem aber auch in Taten Verantwortung zu übernehmen. Dem stehen mächtige Kulturen der Dominanz entgegen, die Ängste und Unsicherheiten schüren, um Gehorsam zu gewährleisten.[13] Dabei spielen sie mit der Vorstellung von Sicherheit. Angst ist demnach die treibende Kraft, um Strukturen der herodianischen Macht aufrechtzuerhalten. Sie fördert zudem den Wunsch nach Abschottung, insbesondere gegenüber (vermeintlich) Fremden, denn Fremdheit und Ungleichheit gelten oft als Bedrohung der Sicherheit, wohingegen Gleichheit als deren Garant aufgefasst wird. Hierin tritt das krampfhafte Festhalten an einer *weißen* Vormachtstellung (white supremacy) deutlich zutage, indem Gleichheit – in dem Falle die *weiße* Norm – als herrschaftsstabilisierend gilt.

Erkennbar wurde das in diesem Jahr an der ungleichen Behandlung flüchtender Menschen aus der Ukraine, was Papst Franziskus in folgende Worte fasste: „Die Flüchtenden werden unterteilt. Nach erster Klasse, zweiter Klasse, nach Hautfarbe, ob man aus einem entwickelten Land kommt oder einem nicht entwickelten. Wir sind Rassisten [...]. Und das ist schlimm."[14] Aufgrund dieses Mangels an Liebe wird Menschen ein Platz im Zelt G*ttes verwehrt (Ps 15,2). Jesus selbst aber war fremd und auf der Suche nach Heimat (Mt 25,35). Er war unfreiwillig auf der Flucht, verwundbar und schutzlos, aber bereit, seine Wahrheit zu verkünden.

Neben denjenigen, die Angst vor dem Verlust ihrer Privilegien haben, finden sich gleichzeitig Menschen, die rassistisch verletzt und verraten wurden und werden. Aufgrund von Demütigungen, Misshandlungen oder gar der Ermordung ihrer Angehörigen tragen sie tiefe Wunden an und in sich. Anderen zu vertrauen, indem sie ihr inneres Alarmsystem vor rassistischen Worten und Attacken deaktivieren, ist für sie lebensgefährlich. Zynismus und Empörung können daher Anzeichen eines betrogenen und enttäuschten Herzens sein.

Hierin zeigt sich, dass wir alle Teil dieses rassistisch-kolonialen Systems sind, individuell wie strukturell und institutionell. Antirassismus und De-Kolonialisierung betreffen People of Color und *weiße* Menschen gleichermaßen. Wir alle sind Gezeichnete, wenngleich in höchst asymmetrischer Weise: die einen, weil sie sich in der Ausübung von Gewalt und Unterdrückung selbst entmenschlicht haben, die anderen, weil ihnen das Menschsein abgesprochen wurde. Für den Aufarbeitungsprozess unseres verwobenen Erbes braucht es Dialog, ja Gemeinschaft. Am Ende steht die Chance, dass wir alle Befreite sein werden und ein Leben in Würde erfahren können. So brachte es James Baldwin treffend auf den Punkt: „[Man kann] Freiheit nur geben, indem man jemanden befreit."[15]

Liebe als Willensakt

Vor diesem Hintergrund verweist bell hooks auf die Kraft der Liebe: „Die Liebe [ist] der Wille, das eigene Selbst auszudehnen, um das spirituelle Wachstum oder das eines anderen Menschen zu nähren. […] Liebe ist das, was Liebe tut. Liebe ist ein Willensakt – nämlich sowohl eine Absicht als auch eine Handlung. Wollen beinhaltet auch eine Wahl. Wir müssen nicht lieben. Wir entscheiden uns zu lieben."[16] Wenn Liebe eine Handlung und kein bloßes Gefühl ist, dann bedeutet zu lieben, willentlich Verantwortung zu übernehmen. bell hooks spricht in diesem Zusammenhang von der „liebenden Gerechtigkeit" als Möglichkeitsbedingung, um patriarchal-dominierende Systeme zu sprengen.[17] Entscheiden wir uns für die Annahme des uns an Weihnachten zugesprochenen Ja G*ttes und damit für die Liebe, so entscheiden wir uns gegen die kollektive Angst und damit gegen jedwede Form von Gewalt und Abschottung.

Ein erster Schritt hin zu einer liebenden Gerechtigkeit kann die positive Affirmation diverser weltkirchlicher Lebens- und Glaubensrealitäten sein. Dies schließt auch die Berücksichtigung derjenigen ein, die durch die normierte *weiße* Jesusdarstellung aus der kirchlichen Gemeinschaft gedrängt und unterdrückt werden und zugleich durch Krippenfiguren, die rassistische Stereotype bedienen, abgewertet werden. Mein südafrikanischer Professor für *Black Liberation Theology*, Vuyani Vellem, fand einmal die folgenden Worte: „Die Würde des Menschen ist unverlierbar. Verlierbar ist jedoch die Möglichkeit, diese Würde darzustellen. Wird der Mensch dieser Möglichkeit beraubt, erfährt er die größtmögliche Form der Demütigung."

Wer sich der Liebe verschreibt, hört zu, auch wenn es schmerzt. Dies bedeutet, Menschen, die negativ von Rassismus betroffen sind, zuzuhören und ihre Wahrheiten anzunehmen und diese nicht vorschnell als Empfindungen abzutun. Es bedeutet aber auch, in sich selbst hineinzuhorchen und die eigene positive Privilegierung auf Grundlage rassistischer Diskriminierung anderer wahrzunehmen. „Es ist nicht deine Schuld, dass diese Welt so *weiß* ist, wie sie ist, aber es ist deine Mitverantwortung, dass sie nicht so *weiß* bleibt", erklärte mir Vuyani Vellem im Fortgang. Dies half mir zu verstehen, dass es nicht um moralische Schuldzuweisungen, sondern um eine Entschuldigung und Wiedergutmachung geht, damit aufrichtige Versöhnung gelingen kann. Dieser Heilungsprozess kann, so bell hooks, nur in einer dialogischen Gemeinschaft geschehen, denn in dieser zeigt sich die Liebe in Aktion. Nur in Gemeinschaft können wir Vertrauen kultivieren und die Kunst des Liebens neu erlernen.

Weihnachten kann erst werden, wenn wir als Kirche den Auftrag wahrnehmen, diesen geschützten Ort der Begegnung zu ermöglichen.

Anmerkungen

[1] Im Folgenden ist „*weiß*" in den meisten Fällen nicht als biologistische Eigenschaft, die auf die Hautfarbe abzielt, zu verstehen. Stattdessen markiert „*weiß*" hier eine sozio-politische Konstruktion. „*weiß*" meint eine gesellschaftspolitische Norm und Machtposition und wird deshalb in diesem Text klein und kursiv geschrieben.

[2] Auch der Terminus „Schwarz" bezieht sich nicht auf die Hautfarbe eines Menschen, sondern ist eine politische Selbstbezeichnung von People of Color. Er markiert eine emanzipatorische Widerstandshaltung und wird deshalb – auch als Adjektiv – großgeschrieben.

[3] Vgl. https://m.focus.de/wissen/wie-rassistisch-sind-die-heiligen-drei-koenige_id_12528360.html (Zugriff: 01.05.2022); https://www.neue-kirchenzeitung.de/es-geht-um-mehr-als-man-denkt (Zugriff: 01.05.2022).

[4] Vgl. https://www.katholisch.de/artikel/28881-warum-wir-uns-jesus-als-europaeer-vorstellen-und-das-aendern-sollten (Zugriff: 01.05.2022).

[5] Ebd.

[6] Die im Dezember 2021 verstorbene bell hooks hieß gebürtig Gloria Jean Watkins. Ihr Pseudonym „bell hooks" war dem Namen ihrer Urgroßmutter mütterlicherseits entlehnt (Bell Blair Hooks), den sie bewusst und konsequent in Kleinschreibung nutzte, um sich als Jüngere nachzuordnen und kein Aufsehen um ihre Person zu machen.

[7] *bell hooks,* Alles über Liebe. Neue Sichtweisen, Hamburg [4]2022, 172.

[8] https://www.bpb.de/kurz-knapp/zahlen-und-fakten/soziale-situation-in-deutschland/61646/bevoelkerung-mit-migrationshintergrund/#:~:text=Im%20Jahr%202020%20hatten%2021,7%20Prozent%20an%20der%20Gesamtbev%C3%B6lkerung (Zugriff: 01.05.2022).

[9] *S. Vecera,* Wie ist Jesus weiß geworden? Mein Traum von einer Kirche ohne Rassismus, Ostfildern 2022, 130.

[10] Vgl. https://afrozensus.de/reports/2020/ (Zugriff: 01.05.2022).
[11] Vgl. *bell hooks,* Liebe (s. Anm. 4), 135.
[12] Vgl. ebd., 137.
[13] Vgl. ebd., 138f.
[14] Vgl. https://www.spiegel.de/panorama/leute/papst-franziskus-verstehe-regierungen-dass-sie-waffen-kaufen-aber-heisse-es-nicht-gut-a-761d4e95-70ea-4234-9272-9629026ae07d (Zugriff: 01.05.2022).
[15] *J. Baldwin*, Nach der Flut das Feuer. The Fire Next Time, München 2020, 111.
[16] Ebd., 39.
[17] Vgl. ebd., 81.

Kurzbiografien der Autor*innen

Sr. Monika Amlinger, geboren 1981, Dr. theol., Pastoralreferentin im Bistum Osnabrück, Klinikseelsorgerin, lebt in eremitischer Lebensform.

Luisa Bauer, geboren 1995, LL.B. (Köln/Paris 1), Studentin der Politikwissenschaft, katholischen Theologie und des Fachs Französisch auf Gymnasiallehramt an der Universität Freiburg, Mitbegründerin der Initiative „Mein Gott* diskriminiert nicht".

Lisa Baumeister, geboren 1998, Studentin der katholischen Theologie und Islamwissenschaft an der Universität Freiburg, Mitbegründerin der Initiative „Mein Gott* diskriminiert nicht".

Johanna Beck, geboren 1983, Literaturwissenschaftlerin, Autorin, Redakteurin, angehende Theologin und Mitglied im Betroffenenbeirat der DBK.

Kira Beer, geboren 2000, Theologiestudentin und Bloggerin.

Stephanie Butenkemper, geboren 1983, Dipl. Sozialpädagogin/Dipl. Sozialarbeiterin und Master of Counseling, Mitarbeiterin in der kath. Beratungsstelle für Ehe-, Familien- und Lebensfragen in Köln, Referentin zum Thema Geistlicher Missbrauch.

Claudia Danzer, geboren 1992, Mag.a theol., Wissenschaftliche Mitarbeiterin und Doktorandin am Lehrstuhl

Fundamentaltheologie und Philosophische Anthropologie an der Universität Freiburg, Mitbegründerin der Initiative „Mein Gott* diskriminiert nicht“.

Ute Garth, geboren 1984, Pastoralreferentin, Gemeinde- und Organisationsberaterin im Bistum Speyer.

Veronika Gräwe, geboren 1990, B. A. Dramaturgie, M. A. Religion und Kultur, Doktorandin Pastoralpsychologie an der PTH Sankt Georgen, Co-Sprecherin Kath. LSBT+ Komitee, Aktivistin bei #OutInChurch, Mitglied im Verein Careleaver e. V.

Maria Herrmann, geboren 1984, Diplom-Theologin, Referentin im Bistum Hildesheim und Doktorandin am Lehrstuhl für Pastoraltheologie an der Universität Freiburg.

Max Holzer, geboren 1990, Mag. theol., Landesvorsitzender des Bundes der Deutschen Katholischen Jugend in NRW.

Mara Klein, geboren 1996, Erstes Staatsexamen Lehramt Gymnasien Englisch und kath. Religion, Mitglied der Synodalversammlung des Synodalen Weges.

Viola Kohlberger, geboren 1991, Promovendin der Katholischen Theologie an der LMU München, Diözesankuratin der DPSG Augsburg und Mitglied des Synodalen Weges.

Anna Kontriner, geboren 1996, MA, Mag.a theol., freie Lektorin und Klimaaktivistin in Wien.

Antonia Lelle, geboren 1993, Mag.a theol., Wissenschaftliche Mitarbeiterin und Doktorandin am Lehrstuhl für Pastoraltheologie an der Universität Freiburg.

Doris Reisinger, geboren 1983, Dr. phil., Philosophin und Theologin.

Christoph Naglmeier-Rembeck, geboren 1996, Mag. theol., Wissenschaftlicher Mitarbeiter und Doktorand an der Professur für Pastoraltheologie und Homiletik an der Universität Regensburg.

P. Rodrigue M. Naortangar SJ, geboren 1979, Dr. theol., Dozent für Theologie in Abidjan am Theologischen Institut der Gesellschaft Jesu (ITCJ), Leiter des Hochschulverlags „Presses de l'ITCJ".

Daniela Ordowski, geboren 1993, Bundesvorsitzende der Katholischen Landjugendbewegung (KLJB), Politikwissenschaftlerin und Mitglied der Synodalversammlung des Synodalen Weges.

Gregor Podschun, geboren 1990, Bundesvorsitzender des Bundes der Deutschen Katholischen Jugend (BDKJ).

Julia Rath, geboren 1992, Bereichsleitung Diversität | Integration | Inklusion am Servicezentrum der Berliner Volkshochschulen und Doktorandin in Katholischer Theologie an der Julius-Maximilians-Universität Würzburg.

Ruben Maximilian Schneider, geboren 1978, Dr. phil., Habilitand in Philosophie an der Universität Augsburg.

Sr. Solange Sahon Sia, ndc, geboren 1976, Dr. theol., erste Doktorin der Theologie an der katholischen Universität Westafrika, Direktorin des Zentrums für den Schutz von Minderjährigen und schutzbedürftigen Personen am Katholischen Missionsinstitut von Abidjan (ICMA), Sekretärin der Vereinigung ivorischer Theolog*innen.

Raphaela Soden, geboren 1984, Referent*in für Junge Erwachsene, Sozialpädagog*in und Theolog*in, Trainer*in für Diversity und Social Justice, Mitglied der Steuerungsgruppe von #OutInChurch.

Franca Spies, geboren 1990, Dr. theol., Wissenschaftliche Oberassistentin an der Professur für Fundamentaltheologie der Universität Luzern.

Marita Anna Wagner, geboren 1992, Promovendin zum Thema postkoloniale und dekoloniale Theologien am „Zentrum Theologie Interkulturell und Studium der Religionen“ der Paris Lodron Universität Salzburg.